마음을 이어주는 마법,

# 타로 이야기

✦÷ c o n t e n t s ÷✦

## 03 타로의 잎사귀

인생은 거울과 같으니, 비친 것을 밖에서 들여다보기보다
먼저 자신의 내면을 살펴야 한다.

- 월리 아모스 (Wally Amos) -

Chapter 1

# 타로의 뿌리

# 타로를
# 대하는
# 마음가짐

우리는 원하는 것을 얻는다. 여러분은 타로에서 무엇을 원하는가?

타로가 무엇이라고 생각하는가?

\* \* \*

막연하든 구체적이든 타로에 대한 마음가짐을 가지고 있을 것이다. 그것이 앞으로 타로 공부와 상담에 절대적인 영향을 끼칠 것이다. 그렇기에 그부분을 제일 먼저 이야기하고 싶다.

타로는 내담자가 스스로 미래를 창조할 수 있도록 자기 내면의 가능성을 인지하게 도와주는 도구로 사용되어야 한다. 미래의 가능성을 규정하고 제한하는 도구로 사용되어서는 안 된다.

타로는 타로카드라는 도구의 도움을 받아 나의 내면으로 상대방의 내면을 비추는 공감의 작업이다. 이를 통해 본격적으로 상담을 시작하기 전에 상대의 내면 상태를 알 수 있고, 서로 벽을 허물고 마음을 나눌 수 있는 상태가 될 수 있다.

다른 관점에서는 나의 마음을 객관적으로 파악하는 데 도움을 받을 수 있다. 상담을 받을 경우, 타로의 상징적인 그림들을 깊이 있게 느끼고 파악할 수 있는 상담사와의 대화를 통해서 우리는 나의 내면을 더욱 구체적으로 파악할 수 있다.

문제를 해결하기 위해서는 문제를 정확하게 인식해야 한다. 문제에 대한 인식부터 잘못되면 모든 과정과 결과는 잘못된 방향을 향한다. 내 마음의 작용들에 대해 명료하게 볼 수 있다면, 그 작용들의 모순을 깨닫고 저절로 고통의 사고체계를 와해시킬 수도 있다.

나는 타로를 공부했지 상담을 전문적으로 교육 받은 사람이 아니다. 타로를 잘 보고 싶었고, 나의 운명을 알고 잘 살고 싶어서 타로를 시작했다. 공부를 하고 경험을 쌓다 보니, 나의 운명은 내가 나와 삶을 대하는 태도와 매우 밀접한 관련이 있다는 것을 알게 됐다. 또한, 타로라는 도구가 운명을 이해하는 방식이 내면을 이해하는 것에서 출발함을 알게 되었다.

우리의 외모가 모두 다르듯이 사람마다의 내면의 특징도 모두 다르다.

하지만 인간성이라는 공통점은 남는다. 우리는 인간성으로 서로에게 공감하며, 내·외면의 개성으로 자신의 개체성을 발현하고 창조성을 발산한다. 이러한 개성이 서로를 분리시키고 차별, 억압하는 수단으로 사용되기도 하지만 이러한 차이와 개성이 없다면 서로가 서로에게 필요하지도 감사하지도 않을 것이고, 이 세상은 단일화된 하나의 색으로 다양한 빛과 아름다움을 잃어버릴 것이다. 어떻게 보면 서로 내·외면의 다름을 인정하고 응원하는 것이 우리가 서로를 더욱 사랑하고 하나 되게 만드는 방법일지 모른다.

타로는 그런 다양한 내·외면의 모습들을 다양한 그림들로 표현한다. 직관적인 상징을 사용하기 때문에 사람들은 더욱더 강렬한 인상을 느낀다. 또한, 나의 내면을 인식할 수 있다는 것에 신비함을 느끼고, 상대가 내 내면을 공감해 준다는 것에 격렬한 따뜻함을 느낀다.

# 타로가
# 할 수 있는 것

여러분들은 타로카드를 점을 보는 도구라고 생각할 것이다.
그것도 맞는 말이다. 하지만 그 외에도 타로카드가 할 수 있는 것들이 있다.

\* \* \*

타로는 눈에 보이지 않는 것을 보여주는 도구이다. 사람의 마음, 운명, 일
의 흐름, 파악하지 못한 변수들 등 내가 미처 인지하지 못하고 있는 것들을
눈으로 볼 수 있게 그림으로 보여준다.

남녀노소, 아프리카인, 아시아인 상관없이 그림을 보면 느낌을 받는다. 왜
그림인가? 글이나 기호와는 다르게 그림은 직관적으로 내면의 인상과 느낌

을 불러 일으킨다. 눈에 보이는 세계와 눈에 보이지 않는 세계를 잇는 다리로 우리를 운명과 내면으로 안내한다.

가끔 타로에 미래가 나오느냐고 물어본다. 타로에는 미래가 나오지 않는다. 현재 존재하기는 하지만 인식하기는 쉽지 않은 미래의 씨앗이 나온다. 현재와 단절된 과거와 미래는 없다. 모두 현재와 연결이 되어 있다. 즉, 현재를 보면 과거와 미래를 알 수 있다. 다만, 얕고 좁게 보면 보이지 않을 뿐.

타로는 정해진 미래를 보는 것이 아니다. 깊숙이 보이지 않는 현재의 흐름을 읽음으로써 더 나은 미래를 만들어나갈 실마리를 얻는 것이다.

## 타로는 3가지의 용도로 사용될 수 있다.

+ 상담의 보조도구
+ 점의 도구
+ 자기 수양의 보조도구

여러분들이 환자라면 의사가 정확히 무슨 행위를 하는지 알 필요는 없다. 고통이 사라지기만 하면 된다. 이처럼 여러분이 타로를 보러 다니는 사람이라면 타로를 사용하는 사람이 무엇을 하는지는 알 필요 없다. 답답함과 궁금증이 해소되기만 하면 된다. 하지만 여러분이 타로를 봐주는 사람이라면 내가 무엇을 하는지 정확히 알아야 한다.

타로카드는 상담의 보조도구로 활용될 수 있다. 상담이라는 것은 점과 다르다. 점은 특정 사안에 대한 미래의 길흉화복을 보는 것이다. 즉, 사안에 대해 내 입장에서 미래의 유불리를 파악하는 것이라고 할 수 있다. 좀 더 쉽게 말하면, 질문에 대한 미래의 답을 내어놓는 것이라고 할 수 있다. 이 답은 명료할수록 그리고 그 시점의 상황과 들어맞을수록 잘 맞은 점이라고 할 수 있다. 그렇기에 점은 맞추고 틀리고의 관점에서 보는 것이다.

하지만 상담은 그러한 것이 아니다. 여러분이 상담을 받을 때 상대가 맞추고 틀리고가 중요한가? 그렇지 않다. 얼마나 나의 고민과 고통에 진정성 있게 공감해 주는가? 또한 자기 일처럼 자신이 가진 역량으로 도움을 주려 하는가가 가장 중요하다. 그렇기만 하다면 그 도움이 맞고 틀리고를 떠나서 효과를 발휘한다. 오히려 아무리 맞췄어도 진정성, 공감이 없다면 나에게는 아무런 효과가 없을 것이다.

상담이라는 것은 현재에 대해 보는 것이다. 현재 우울하기 때문에 심리 상담을 받는 것이고, 현재 부부관계가 힘들기 때문에 부부 상담을 받는 것이다. '앞으로 3개월 뒤에 우리 부부는 힘들 예정이니 미리 상담을 받아놔야 하겠다.'같은 상담은 없다. 모든 상담은 현재의 문제이다.

점은 질문에 대해 미래의 답을 맞히는 것이다. 상담은 현재 내 고통과 고민에 대해서 깊이 있게 공감하고 이야기를 나누면서 거기에서 빠져나올 수 있도록 함께 하는 것이다. 둘은 완전히 다르다. 만약 타로를 자기 자신에게 쓴다면 나의 내면을 밝히며 자기 수양의 보조도구로 사용하는 것이 된다.

타로 상담을 하면 대부분의 사람이 자기는 점을 보러 왔다고 생각한다. 하지만 그 사람이 원하는 것은 상담이고 그런 상담을 받고 갔을 때 매우 만족한다. 나도 처음에는 헷갈렸다. 점을 보러 왔다고 하니 이 사람이 궁금해하는 미래의 사안에 대한 답만 명확하게 던져주려고 했다. 하지만 그 사람은 전혀 만족하지 않았고 점을 잘 봤다고 느끼지도 않았다. 오히려 명확하게 답을 내려주지 않더라도 타로카드과 함께 그 사람의 고통과 고민에 공감하며 이런저런 이야기를 나눈 후에 훨씬 만족하며 점을 잘 봤다고 느끼는 경우를 수없이 보았다.

타로를 잘하고 싶은가? 그렇다면 상담의 보조도구로 타로를 사용하는 능력을 키워야 한다.

꽤 오랜 기간 공부를 하고 상담을 하는 과정에서 타로라는 것은 점의 도구로 사용하기보다는 상담의 보조도구로 사용하는 것이 훨씬 효과적이고 쉽다는 것을 알았다. 점의 도구로 사용하는 것도 가능하나 이는 매우 어렵다. 또한 점의 도구로 사용하기 위해서는 상담의 보조도구로 활용하는 능력이 만렙에 다다라야 비로소 점의 도구로 사용이 가능해진다.

타로로 미래를 읽으려면 먼저 현재의 외면과 내면을 매우 폭넓고 깊이 있게 읽어야만 한다. 이 느낌과 정보들을 바탕으로 상담사가 미래에 대해서 유추하는 것이다. 즉, 현재의 내면을 읽지 못하면 미래를 읽지 못한다.

내담자의 현재 상황, 마음 상태 등을 깊이 있게 읽는 것은 상담의 보조도구로서 타로를 사용하는 것이다. 또한, 미래를 읽기 위한 정보를 수집하는 단계이기도 하다.

무슨 공부든 우선순위와 순서가 중요하다. 여러분도 더 빨리 정확하게 공부를 하고 싶으면, 나처럼 오랜 기간 헤매지 않고 명확한 방향성과 우선순위를 가지고 공부를 했으면 좋겠다.

타로가 상담의 보조도구로 사용된다고 할 때 '보조'라는 말을 붙이는 이유는 타로만으로 상담을 할 수 없기 때문이다. 상담을 하려면 그에 관한 공부와 훈련이 필요하다. 타로는 단지 상담의 보조도구로 활용할 수 있다는 말이다. 타로는 상담의 전 과정 중 상담의 앞부분에 도움을 줄 수 있다. 내면 상태를 진단할 수 있는 도구로 활용이 가능하며, 그러한 과정에서 서로 라포를 형성할 수 있도록 돕는다.

타로는 그림 자체가 그 사람의 내면을 보여주는 것이기에, 특정 질문이나 주제에 대해 생각하며 카드를 뽑으면 그에 관한 내면의 상태가 상징적인 그림으로 표현된다. 즉, 그림을 읽으며 그 사람의 내면을 알 수 있다는 것이다.

또한 여기엔 한 가지 효능이 더 있는데, 공감을 하면서 라포를 형성할 수 있다는 것이다. 이는 공감대를 형성한다는 것으로 상담을 진행하기 전에 필수적인 과정이다. 타로의 그림을 느끼며 그에 관해 생각한다는 것은 타로를 매개로 상대방의 마음 상태에 내 마음의 상태를 맞춘다는 것을 의미한다. 이러면 자연스럽게 유사한 마음 상태가 되며 공감대가 형성된다. 그런데 여기서 중요한 것은 이 느낌이 내 느낌이어야 한다는 것이다. 선생님이 가르쳐줘서 외우고 있는 느낌이 아니라 그 순간의 내 느낌이어야 한다. 왜냐하면 가짜 느낌으로는 공감대가 형성될 수 없기 때문이다.

타로를 통한 상담에서 어려운 점은 내담자가 자신은 점을 보러 왔지, 상담을 받으러 오지 않았다고 생각하는 것을 바꾸기 힘들다는 것이다. 그렇기에 능숙한 상담사는 점의 탈을 쓰고 상담의 과정을 진행해야 한다.

# TIP
# 타로를 활용한 학생 상담 시 마음가짐

학생 상담에서 중요한 것은 타로가 점의 도구가 아닌 상담의 보조도구로 만 사용되어야 한다는 것이다. 학생이라는 시기는 부모와의 동일시가 약해 지고, 자아가 형성되며 강해지는 시기이다. 또한 부모뿐만 아니라 타인들과 의 다양한 관계를 통해서 자신에 대해서 알아가고 사회와의 관계를 설정해 가는 시기이기도 하다. 이때 자신이나 타인에 대한 왜곡된 시각이나 마음이 생기게 되면 일생에 부정적인 영향을 끼치게 된다.

어떤 의미에서는 '나'의 힘이 생기는 시기이다. 그렇기에 아직 힘은 약하지 만, 인생에서 최초로 나와 부모의 관계에 대해서 객관적으로 생각해보면서 관계를 설정해 가는 시기이기도 하다. 그렇기에 나와 가족들과의 관계가 구 축되는 시기이기도 하다. 이때 부모님에 대한 왜곡된 관점이 자리 잡으면 나 중에 바꾸기 쉽지 않다.

이러한, '나', '타인과의 관계', '가족과의 관계'라는 부분에 대해서 건강하고 적합한 시각과 태도를 갖는 데에는 상황과 내면을 명료하게 보는 마음의 눈 이 필요하다. 그러는 데에 타로는 도움이 될 수 있다.

내가 학생과 타로 프로그램을 진행하면서 느낀 것은 방어막이 없어서 어 른들보다 효과가 좋다는 것이다. 그 이야기는 악영향도 더 쉽게 받을 수 있 다는 뜻이다. 그렇기에 조심해서 타로를 사용해야 한다.

◇ 규정하거나 단정짓는 말을 사용하지 않는다.

◇ 부정적인 방향으로 상담하지 않는다.

◇ 설명하거나 묘사하는 듯이 말하는 것이 좋으며, 카드의 의미와 다르다고 학생의 느낌이나 생각을 부정하지 말고 그렇게 이야기하는 원인에 대해서 생각해본다.

◇ 공감의 도구, 자기 객관화의 도구, 나와 다른 타인의 내외면 개성을 인정하는 도구로 활용한다.


타로의 장점 중 하나는 학생들이 거부감 없이 호기심을 보이며 다가온다는 것이다. 상담실에 앉아서 학생 내면의 고민이나 고통을 이야기하게 만드는 것이 얼마나 힘이 드는지 상담을 해본 선생님은 모두 다 알 것이다. 하지만 타로카드로 "우리 타로 한번 봐볼까?"라고 이야기하면 아이들은 눈을 반짝이며, 자기가 궁금한 것들을 묻게 된다. 그리고 카드 그림을 보면서 이야기하는 가운데 속마음을 보이게 된다.


아이들은 점의 도구로 타로를 대할지도 모른다.

"선생님, 연애운 봐주세요~.",

"선생님, 저 공부 잘 할 수 있을지 봐주세요."와 같이 점의 형식으로 질문을 말할지 모른다. 여기서 중요한 것은 학생들은 그럴지 몰라도 상담사는 절대 점의 관점으로 타로를 사용하지 않는다는 것을 확실히 마음에 담아두고 상담을 해야 한다.


아이들이 연애에 관해서 물어보는 것은 교우관계, 대인관계에 대한 상담이다. 성적에 관해서 물어보면 학업이나 부모님과의 학업적인 견해 또는 학교, 학원에서의 학업적인 압박에 관한 상담일 것이다. 사용하는 단어나 문장은 점처럼 이야기될지 몰라도 그 내용은 상담의 내용을 담고 있어야 하며, 상담의 문 안으로 이끄는 안내자로 타로를 사용해야 한다.

학생시기는 다양한 경험과 함께 마음 상태가 형성되는 시기이다. 다양한 가능성의 씨앗이 심어지는 시기이기도 하다. 그렇기에 카드를 읽을 때 한계를 설정하기보다는 열린 방향으로 읽어주는 것이 중요하다. 또한, 마음 상태의 관점으로 읽는 것에는 특히 주의를 기울여야 한다. 되도록 요즘의 마음 상태로 표현하는 것이 좋으며, 너는 이러이러한 사람이라는 식의 단정적인 방향은 피해야 한다.

예를 들면 The Emperor가 있다고 하자.

"너는 성격이 세고, 자기중심적이고 남에게 굽히지 않으며, 독립적인 아이인 것 같아."와 "요즘에 남에게 의존하기보다는 스스로 하려고 노력하고, 경쟁심을 가지고 능력을 키워 성과를 내고 싶어 하는 것 같구나."는 비슷한 것 같지만 학생에게 전달되는 느낌은 천지 차이이다.

학생 시기에는 아직 일관적인 성격이 완성되지 않았다. 다양한 경험을 통해 개성이 형성되어 가는 중이기에 다양한 모습들이 드러나게 된다. 그러한 모습들을 긍정적으로 체험하게 도와주는 것이 필요하지, 그 모습으로 고정시키는 것이 필요하지는 않다.

# 올바른
# 타로
# 공부 방법

책을 사고 좋은 스승을 고른 뒤 시키는 대로 의미를 외우고 사용하는 것?

과연 그렇게 타로 공부를 할 수 있을까?

\* \* \*

타로는 학문이 아니라 기예이다. 수학, 국어 같은 학문을 공부하는 방식이 아니다. 익히고 활용하는 방식이 예체능을 배우고 쓰는 것과 매우 유사하다.

예를 들어 수영을 배운다고 하자. 수영에 대한 역사, 이론, 손을 휘젓고 발을 차는 것의 의미 등을 달달 외우고 이해한다고 수영을 잘할 수 있는가? 아니다. 일단 물에 들어가야 한다. 그리고 숨을 참고 내쉬는 것부터 하나씩 연습한다. 이론은 딱 그 수준에서 필요한 만큼만 익히면 된다. 그 이후에는 잘 될 때까지 계속 연습이다. 계속 실수한다. 하다 보면 실수가 줄어들고 익숙해진다. 그다음에 다음 단계로 나아간다.

세계 최고의 수영선수도 실수가 아에 없이 완벽할 순 없다. 완벽한 수영을 위해 노력해 갈 뿐이다. 또한, 그 수준에 도달하기 위해 수많은 실수와 실패를 겪었을 것이다.

학문은 답이 있고, 그 답은 틀리지 않고 완벽할 수 있다. 예체능은 정해진 하나의 답이란 없으며, 완벽할 수 없다.

타로에 틀리지 않고 완벽히 맞추는 것, 상담하는 것은 있을 수 없다. 언제나 맞는 답도 없다. 완벽한 점과 상담을 위해 노력할 뿐이다. 수없이 실수하고 틀리며 실수하지 않기 위해 숙고하고 공부하며 조금씩 나아지고 또 틀릴 뿐이다. 그렇게 하다 보면 완벽하진 않지만 좋은 상담을 할 수 있게 되고, 다 맞추진 못하지만 중요한 것은 맞출 수 있게 되는 것이다.

예체능에서 가장 중요한 것은 무엇인가? 흥미와 용기이다. 이 둘이 합쳐진 것을 열정이라 부른다. 여러분이 타로에 보인 흥미와 공부를 시작한 용기가 가장 중요하다. 이 두 가지로 당장 타로 상담을 시작하라.

타로와 처음 만났으면 당장 한 장을 뽑아보자. 질문이 필요하다. 궁금한 것을 물어보자. 그 무엇도 좋다.

"타로 공부를 잘 할 수 있을까?"

"연애는 언제쯤 할 수 있지?"

"직장 이직해도 되나?" 등 지금 드는 고민 중에 하나를 떠올린다.

주의할 것은 억지로 있지도 않은 고민을 만들어 내거나 너무 장난스럽거나 타인에 대해 악의적인 질문들은 피하는 것이 좋다.

카드를 뽑았으면, 일단 그림의 느낌을 느껴보자. 현대인은 생각과 언어에 너무 익숙해져 있다. 그래서 있는 그대로의 감정과 느낌을 받아들이는 것을 잊었다. 글자로 환원하기 전에 먼저 느낌을 음미해야 한다.

한 장을 뽑아보자.
무엇이 느껴지는가?
느낌을 음미해 보자.

어떤 이는 아무것도 느껴지지 않는다고 이야기한다. 아니다. 느끼고 있는데 가슴이 그 느낌을 알아차리기도 전에 머리가 생각으로 압도해 버리는 것이다.

"모르잖아? 떠오르는 단어가 있어? 없잖아? 네가 생각하는 것들이 맞을 것 같아? 그것은 틀렸어."라고 머리가 이야기한다. 그 순간 내 느낌은 온데간데없이 사라진다.

나의 느낌은 매우 중요하다. 타로 상담이란 나의 내면으로 상대방의 내면을 비추는 작업이다. 나의 언어와 느낌으로 상대방의 마음을 나타낸다. 그렇기에 여러분이 할 일은 여러분의 느낌과 언어를 투명하고 깨끗하게 갈고 닦는 것이다. 내 느낌을 없애고 남의 생각을 주입하는 게 아니다. 그러면 결코 진정한 상담을 할 수 없다. 진정한 상담이란 내면의 만남이다. 기계적인 해석이나 교조적이고 권위적인 명령이 아니다.

제일 먼저 할 일은 내 느낌을 찾는 일이다. 어떻게 찾는가? 소중하게 생각하고 인정해 줘야 한다. 하찮게 생각하고 부정한다면 우리가 찾을 수 없는 곳으로 숨어 버린다. 그 느낌을 소중히 하며 강하고 깨끗하게 갈고 닦아 간다.

대부분의 사람들은 타로를 볼 때 질문에 대한 답을 찾으려 한다. '그래서 연애를 언제 하게 된다고?', '그래서 이직을 하라는 거야 말라는 거야?' 라는 답을 타로 그림에서 찾는다.

타로는 답을 주지 않는다. 타로는 내가 모르고 있는 정보들을 준다. 또한 실제로는 틀렸는데 나는 맞다고 생각하는 잘못된 인식들이 무엇인지를 알려준다. 그래서 올바른 판단을 하고 더 나은 답을 찾을 수 있게 도와준다.

답은 내가 원래 가지고 있던 올바른 느낌과 생각들 그리고 타로에서 느껴지는 느낌과 정보들을 종합해서 내가 내리는 것이다.

타로는 도구이다. 훌륭한 의사는 도구를 잘 활용해 어려운 수술을 성공으로 이끈다. 하지만 도구가 수술을 성공시키는 것은 아니다. 타로가 상담을 하거나 점을 보는 것이 아니다. 상담사가 타로의 도구를 이용해 상담 또는 점을 보는 것이다.

# 타로카드의
# 역사

타로가 처음 어디서 생겨
났는지는 매우 모호하다.
현재 존재하는 가장 오래
된 타로카드는 1392년에
만들어진 카드다. 이는
파리 국립도서관에 17장
이 남아 있다.

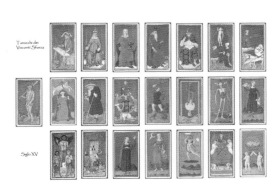

78장의 원형에 가장 가까운 카드는 1451년 비스콘티 스포르자라는 타로카드로 78장 중 74장이 전해지고 있다. 이는 결혼기념으로 만들어졌다.

1760년 프랑스 남부에서 만들어진 마르세유 타로는 역사상 가장 오래된 완성형 타로 모델이다. 오늘날 가장 많이 사용되는 타로 중 하나이다.

1785년 오컬티스트 에테일라는 신비주의적 지식과 점술적 용도를 한껏 집어넣은 타로를 만들었다. 이때부터 타로카드가 점의 용도로 대중적으로 쓰였다.

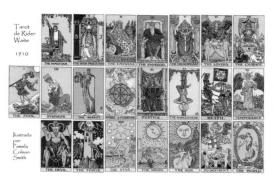

1909년 아서 에드워드 웨이트와 파멜라 콜만 스미스가 라이더 웨이트 타로를 만들었다. 이는 현재에도 널리 쓰이며, 새로 만들어지는 타로에 하나의 기준이 되는 타로이다.

에드워드 웨이트는 황금 여명단이라는 인간의 내면, 영혼을 탐구하고 수련하는 단체의 수장이다. 그렇기에 라이더 웨이트 카드는 인간의 내면을 이해하고 밝히는 데 도움을 주려는 의도로 만들어졌다. 이러한 점이 상담의 보조도구로서의 기능과 굉장히 잘 부합한다.

1942년에 알리스터 크로울리와 프리다 해리스가 만든 토트타로는 오컬트적인 상징들이 잔뜩 들어 있는 현대에도 사랑받는 타로카드이다.

현대에도 매년 수많은 타로카드가 만들어지고 있다. 대부분 라이더 웨이트, 토트 카드의 원리를 기반으로 만들고 있다. 또는 간간히 중세 시대 때 만들어진 타로의 원형을 따르기도 한다. 외향(그림)은 모두 다를지라도 그 근본은 큰 줄기에서 벗어나진 않는다.

# 타로의
# 구조

99% 이상 대부분의 타로카드가 78장으로 구성되어 있다.
만약 세어 보아 78장이 아니면 타로카드가 아니고
그냥 오라클 카드*라고 보면 될 것이다.

\* \* \*

이러한 78장의 카드는 22장의 메이저 카드와 56장의 마이너 카드로 나눠
진다. 이 둘의 차이는 카발라의 관점에서 살펴보면 메이저 카드는 소우주-주

---

\* 타로와 용도는 같으나 원리와 구성이 다른 카드를 오라클 카드라 칭한다.

관, 마이너 카드는 대우주-객관과 대응된다.

마이너 카드는 14장씩 4슈트(슈트는 우리가 정장을 말할 때 쓰는 그 슈트로, 한 벌이라는 뜻이다. 마이너 카드는 4벌로 구성되어 있다.)로 구분이 되는데 Wands, Cups, Swords, Pentacles가 그것이다.

각 슈트는 1~10까지 10장의 숫자카드와 Page, Knight, Queen, King의 4가지 인물카드를 갖는다. 인물카드를 Court 카드라고도 부른다.

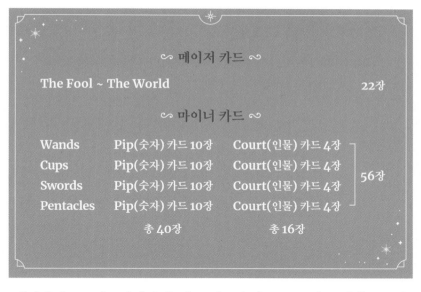

메이저 카드 22장 + 마이너 카드(Pip 카드 40장 + Court 카드 16장) = 78장

Rider Wait 기준으로 메이저 카드, 마이너 Pip 카드, 마이너 Court 카드를 쉽게 구분하는 방법은 숫자와 글자를 살피는 것이다. 메이저 카드는 숫자와 글자가 같이 적혀있다. 마이너 Pip 카드는 숫자만 적혀있다. (예외로 숫자1, Ace만 글자가 적혀있다.) 마이너 Court 카드는 글자만 적혀있다.

메이저 카드          마이너 Pip 카드          마이너 Court 카드

# 자주 사용되는 타로 용어

✩ **타로카드 덱**
    78장으로 구성된 카드 한 벌

✩ **내담자, 시커**
    타로를 보려고 하는 사람

✩ **타로 상담사, 타로 마스터**
    타로를 봐주는 사람

✩ **타로 리딩, 타로 상담, 타로 점**
    타로카드를 보며 고민이나 질문에 대해 대화를 하는 행위

✩ **메이저 카드, 메이저 아르카나**
    0. The Fool ~ 21. The World까지 22장으로 이루어진 카드, 소우주와 대응된다.

✩ **마이너 카드, 마이너 아르카나**
    Wands, Cups, Swords, Pentacles 4개의 슈트로 구성된 56장의 카드, 대우주와 대응
    된다.

✩ **4개의 슈트**
    슈트라는 말은 벌이라는 뜻이다. 즉 4개의 벌을 나타낸다. 각 막대(Wands), 컵
    (Cups), 칼(Swords), 오망성(Pentacles)으로 구성된 상징으로 이 세상을 구성하는 근
    본 질료를 상징하는 4원소와 대응되는 상징이다. 마이너 카드의 근간이다.

✩ **4원소**
    불, 물, 대기, 대지를 나타낸다. 세상을 구성하는 4가지의 근본 요소에 대한 상징물이
    다. 이는 동양의 음양, 오행과 같이 관념적이고 추상적인 개념이다.

✩ **Pip(숫자) 카드**
    마이너 카드의 일부분으로, 4개의 슈트가 0~10까지 숫자로 구성된 40장의 카드

✿ Court(인물) 카드
 마이너 카드 일부분으로, 4개의 슈트가 궁전의 직위인 Page, Knight, Queen, King과
 결합되어 구성된 16장의 카드

✿ 셔플, 섞기
 질문을 받고 카드를 뽑기 전에 섞는 행위, 마음과 카드를 초기화하는 행위이다.

✿ 스프레드, 배열법
 질문, 고민에 따라 그에 적합하게 상담을 하기 위해 고안된 카드 배치법, 몇 장을 뽑
 고 어떤 순서와 모양으로 배치할 것인지 그리고 각 자리의 의미를 어떻게 제한할 것
 인지에 대해 규정한 것

✿ 상징
 타로카드에 그려진 이미지들은 상징이다. 눈에 안 보이는 인간의 내면, 영혼, 세상의
 법칙 등의 인식을 돕기 위한 자연물, 동물, 식물, 기호 등 다양한 이미지를 뜻한다. 인
 위적으로 만들어지는 것이 아니라 자연 발생하며 유사성의 원리로 상징과 상징 의미
 는 연결된다.

운명을 바꾸고 싶다면
생각을 바꿔라

- 스티븐 코비 (Stephen Covey) -

~ Chapter 2 ~

# 타로의 줄기

# 타로를 보는
# 2가지 관점

타로카드를 이해하고 설명하는 방식에는 2가지가 있다.
첫 번째는 인간 내면의 작용으로 이해하는 것이고,
두 번째는 외부 환경의 작용으로 이해하는 것이다.

\* . \* . \*

　숙련된 상담사는 두 가지의 관점을 넘나들면서 상담을 진행한다. 하지만
초심자는 두 관점을 구분해서 이해하는 것이 좋으며, 두 방식 중 한 가지를
먼저 굳게 세운 후에 다른 한 가지를 습득해가는 것이 좋다.

첫 번째 관점은 타로카드의 상징과 내용을 인간 내면의 작용으로 보는 것이다. 즉, 마음의 상태로 이해하는 것이다.

예를 들어 The Fool 카드가 있다면, 이 카드는 예측 불가능, 불안정을 나타낸다.

마음의 상태로 보면, 예측 불가능한 마음 상태, 불안정한 마음 상태를 나타낸다. 또는 무모한 마음 상태, 자유로운 마음 상태, 파격적인 마음 상태, 충동적인 마음 상태 등으로 나타날 수 있다.

두 번째 관점은 같은 상징과 내용을 외부 환경의 작용으로 보는 것이다. 즉, 나에게 주어지거나 닥친 상황으로 이해하는 것이다. 같은 The Fool 카드를 예로 들면 예측 불가능한 상황, 불안정한 환경을 나타낸다. 안전장치가 없는 상황, 급변하는 상황, 도움이 없는 환경 등을 나타낸다. 같은 의미를 가지고 있지만 전혀 다른 두 방향의 해석과 이해가 나온다.

이는 타로를 '상담의 보조도구로 활용할 것인가?', '점으로 활용할 것인가?'라는 질문과 맞닿아 있는 내용이다. 상담의 보조도구로 활용할 경우, 타로의 그림을 마음의 상태로 해석할 것이고 점의 도구로 사용하면 나에게 주어지거나 다가오는 환경이나 상황으로 볼 것이다. 어떻게 사용할지는 여러분들의 마음이다. 하지만, 어떤 관점으로 바라보는 것이 더 효과적으로 타로를 익힐 수 있을지에 대한 말씀은 드릴 수 있다.

필자가 타로를 20년 가까운 시간 동안 사용하고 공부해 본 결과, 타로는 인간과 세상의 내면 상태를 깊이 있게 읽고 이해해서 미래를 예측하는 도구라고 생각한다. 그렇기에 처음에는 마음의 상태로 보는 것이 좋다. 마음의 상태로 보는 것이 능숙해졌을 때 상황이나 환경으로 보려고 하는 것이 좋다.

　다른 말로 타로는 상담의 도구로 활용하는 능력이 극에 달해야 점의 도구로 사용하는 것이 가능해진다. 처음부터 점을 보려고 하는 것은 걷지도 못하는데 뛰려는 것이며, 초등학생이 대학원 수학 문제를 푸는 것과 같다.

# 메이저 카드와
# 마이너 카드의
# 차이점

왜 타로는 크게 메이저 카드와 마이너 카드로 구분되어 있는 것일까?

각각의 역할은 무엇일까?

\* \* \*

그 힌트는 카발라라는 유대교 신비주의에서 찾을 수 있다. 카발라의 대표적 상징인 '생명의 나무'에서 세피로트와 마이너 카드가 대응이 되고 세피로트를 잇는 경로는 메이저 카드와 대응이 된다. 세피로트는 대우주요, 경로는 소우주로 대응이 된다. 이러한 대응에 의거하면 메이저 카드는 소우주, 마이너 카드는 대우주와 대응된다고 볼 수 있다.

메이저 카드와 마이너 카드는 모두 인간의 내면과 삶을 나타내는 카드이다. 하지만 둘은 표현하고 있는 영역이 서로 다르다. 이를 이해하기 위해서는 대우주와 소우주라는 것을 이해해야 한다.

소우주는 우리 마음의 우주이다. 인간은 태어나서 죽을 때까지 자신의 마음의 우주에서 살다가 죽는다. 자신의 세계에서 산다고 생각해도 된다. 여러분들이 보고 듣고 맛보고 생각하고 느끼는 그 모든 것들은 여러분들의 마음에서 일어나고, 여러분들의 세계에서 일어난다. 그러한 주관적 세계, 내면적 세계를 소우주라고 이야기한다. 우리는 모두 소우주에서 산다.

하지만 소우주에서만 사는 것은 아니다. 만약 그렇다면 우리는 함께 존재하지도 못하고 소통, 교류, 교감, 이해, 공감 등을 할 수 없을 것이다. 이러한 것이 가능하게 하는 것은 서로의 소우주를 감싸고 연결해 주는 대우주가 있기 때문이다. 모든 소우주들 그리고 그 외에 모든 것이 존재하는 가장 크고 완전한 세계가 대우주이다. 우리는 대우주에 존재하지만, 소우주 안에서 산다고 생각하면 된다. 둘 모두에 영향을 받는다.

동물과 식물은 이 대우주와 소우주의 간극이 거의 없다. '대우주 = 소우주'라고 봐도 무관하다. 하지만 인간은 이 간극이 매우 큰 존재이다.

예를 들면 식물이나 동물들은 어떤 상황이나 환경에 놓이면 그 상황에 적응한다. 환경을 거스르지 않는다. 이는 자신의 소우주를 대우주에 맞추고 조화를 이룬다는 말이다. 그에 반해 사람은 내가 원하지 않거나 옳다고 생각하지 않는 상황(소우주와 대우주가 서로 대립하는 상황)에 대해서 격렬하게 거부한다. 어떤 경우에는 그러한 마음 때문에 스스로 목숨을 끊기까지 한다. 그렇게 극단적인 상황까지 가지 않더라도 그 상황에서 어떻게든 탈출하려고 할 것이다.

그렇기에 인간의 내면과 삶을 알기 위해서는 이러한 대우주와 소우주 각각의 상태, 조화와 부조화를 인식해야 한다. 그렇기에 타로는 메이저 카드와 마이너 카드를 구분지어 놓았다. 여기서 주의해야 할 것은 만약 대우주와 소우주가 조화를 이룬다면 이 둘을 구분하는 것은 의미가 없다는 것이다. 그렇기에 메이저 카드를 마이너 카드처럼 읽고 마이너 카드를 메이저 카드처럼 읽을 수도 있다. 하지만 대다수의 보통 사람은 소우주와 대우주가 서로 대립하고 갈등하는 상태이다. 그렇기에 이 둘에 대해 구분해서 이해할 필요가 있는 것이다.

여기서 소우주는 메이저 카드와 대응이 되고, 대우주는 마이너 카드와 대응이 된다. 인간이란 존재는 자신의 소우주에 더욱더 직접적인 영향을 받기에 메이저 카드와 대응이 되는 것이다. 그렇다고 마이너 카드의 영향이 적다는 것이 아니다. 우리는 대우주 밖에서 살 수 없다.

예를 들어 보자. 타로카드에 The Emperor와 King of Wands가 있다. The Emperor는 메이저 카드이고 King of Wands는 마이너 카드이다. 둘은 매우 유사한 의미를 지니고 있다.

둘 다 활력 넘치고 에너지 넘치고 도전적이며, 주체성이 확실한 마음 상태를 나타낸다.

The Emperor는 어떤 환경 상황에서도 저 마음 상태로 대응하거나 이해한다. King of Wands는 나의 활력이나 에너지의 상태가 매우 높으며 이는 주변 상황에 강하게 영향을 미치고 있으며, 나를 둘러싼 세상이 그러한 나의 존재를 함께 유지시켜주고 있다.

# 메이저 카드
# 이야기

  메이저 카드 0~5번은 모두 인물이 중심이 되는 카드들이다. 특정 인물이
어떤 사람인지에 대한 그림이다. 이는 우리가 삶을 살아갈 때 어떤 상황이든
주체적으로 중심을 잡고 받아들이고 대응할 때의 내면 상태를 나타낸다. 그
때는 상황이나 주변 사람과의 상호작용이 중요한 것이 아니라 내가 어떤 사

람인가가 중요할 뿐이다.

6~9번은 밀접한 상황이나 사람들과 매우 깊이 상호작용하는 것을 보여준다. 이때 우리는 '관계'라는 키워드에 빠져들게 된다. 어떤 관계를 맺을 것인가?

우리가 관계를 맺을 때 The Lover와 같이 호기심을 가지고 열린 마음으로 소통하거나 교류한다. 또는 The Chariot처럼 서로 인내하며 마음을 합심하려고 노력한다. The Strength처럼 서로 맞부딪치면서 격렬하게 반응할 수도 있다. The Hermit은 온전히 그 사람에게 집중하여 이질감 없이 합일을 이루거나 내 마음에 집중하여 상대와의 관계를 거부하거나 단절한다. 우리가 관계를 맺을 때 이 4가지의 양상을 갖는다.

10번부터 15번까지의 카드들은 추상적인 명칭을 가지고 있다. 더이상 인물들이 주인공이 아니다. 이는 우리가 통제할 수 없으며 영향을 직접적으로 받는 힘들을 나타낸다. 그럴 때 우리는 6가지 마음의 상태로 경험을 하게 된다.

16~21번은 우리를 둘러싼 매우 광범위한 환경과 힘을 나타낸다. 이를 '장 (field)'이라 칭한다. 보통 이를 우리는 매우 멀리 있다고 인지한다. 또한 매우 크다고 인지하기에 전체를 파악하기 어려워한다. 여기서 멀고 크다는 것은 단순히 물리적인 의미가 아닌 심리적인 의미도 포함한다. 즉, 특정 그 '장'이 매우 멀게 느껴지고 막연해 알 수 없고 매우 크게 느껴져 압도된다는 의미이다.

이에 우리는 대항할 수 없다. 일방적으로 그 '장' 안에 들어가 에너지를 받아들이고 움직여지게 된다. 폭풍이 치는 바다에서 배가 홀로 움직이고 저항할 수 없음과 같다. 함께 움직일 뿐이다.

# 0. The Fool

THE FOOL

0번 카드는 상황에 얽매이지 않고 자유롭다. 순수한 영혼의 충동에 따라 움직일 뿐이다. 그림을 살펴보면 길이 끊겨 있는데 이 사람은 끊긴 길을 보지 않는다. 또한 자세나 태도 또한 움츠러들지 않는다. 자신이 바라보는 방향으로 적극적으로 행동하고 움직인다.

길이란 예측 가능하며 정해진 틀을 나타낸다. 이 사람의 눈은 하늘을 향해 있는데 이는 무한히 자유로운 방향으로 마음이 향해 있음을 의미한다. 가방은 특정 상황이나 과거에 머무르는 것이 아니라 언제든 마음이 향하는 방향으로 훌쩍 떠날 수 있음을 나타내고 손에 든 흰 장미와 하늘의 흰 태양은 영혼의 순수함, 동기와 의도의 천진함을 나타낸다.

이 사람은 예측하거나 규정하기 어렵다. 그는 어디에도 얽매이지 않으며 순간순간 생명의 충동에 따라 움직일 뿐이다. 생명력이란 그러하다. 생명력이 가장 강하게 뿜어져 나오는 아이들을 보자. 순수하고 충동적이다. 예측할 수 없으며 그의 행동과 말, 생각은 과거나 미래에 머물지 않고 항상 현재에 머무른다.

광대라는 명칭 또한 틀이나 규격에 얽매이지 않음을 나타낸다. 그는 순간순간의 본질을 통찰하며 자신은 가면을 쓰지만, 역설적으로 사람들의 가면을 벗기며 본질을 찌르고 삶의 껍데기들의 덧없음을 보여준다. 그때 우리는 웃음을 터트릴 수밖에 없고, 마음은 순간적으로나마 답답한 창살에서 벗어나 자유를 얻는다.

인간관계에서 이 사람은 자신의 마음이 향할 때, 관계의 생생한 생명력이 있는 동안 순간순간에 온 힘을 다할 것이다. 하지만 생명력이 다한다면 단순히 친구, 연인, 가족이라는 허울뿐인 굴레 때문에 관계에 얽매이진 않을 것이다.

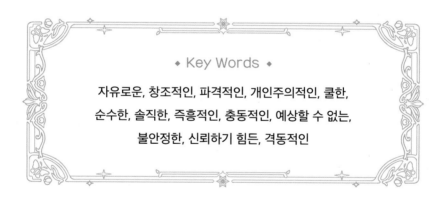

◆ Key Words ◆

자유로운, 창조적인, 파격적인, 개인주의적인, 쿨한,
순수한, 솔직한, 즉흥적인, 충동적인, 예상할 수 없는,
불안정한, 신뢰하기 힘든, 격동적인

◆ 다양한 현실에서 The Fool의 적용 ◆

| 마음 상태 | 금전 운영 | 가정생활 | 연애 스타일 |
|---|---|---|---|
| 즉흥적이며 자유롭다. 억압받거나 얽매이는 것을 싫어한다. | 수입이나 지출에 대해서 계획적이지 않으며 즉흥적이다. 금전적인 걱정이나 고민에 속박당하고 싶어 하지 않는다. 자신이 하려는 일이나 행동에 과감히 투자하고 지출한다. | 개인주의적이며, 독립적이다. 가정생활에 충실하지 못할 수 있다. | 강렬하며 온 힘과 정신을 다한다. 하지만 관심이 떨어졌을 때 관계를 유지하지 못한다. |

| 업무 스타일 | 인간관계 | 일 | 상황(환경) |
|---|---|---|---|
| 새로운 방식을 적용하는 것에 두려움이 없으며, 다른 사람과 협동이 힘들 수 있다. | 사람들에 대해서 개방적인 태도를 가지고 있으나 관계 유지에는 관심이 없다. 새로운 인연에 최선을 다한다. | 지루하고 반복적인 일을 하기 힘들며, 관료적인 형태의 직장생활(규칙, 룰을 지켜야 하는) 일에 적합하지 않다. 항상 새로운 일이 발생하고 자신의 생각을 적극적으로 표출할 수 있어야 한다. 기발한 발상이나 아이디어가 필요한 일에 적합하다. | 나를 속박하는 것이 없는 상황 또는 과도한 속박이나 지루한 일상으로 인해서 자신의 본질적인 마음에 집중하는 상황을 나타낸다. 보통 새로운 도전과 시작이 필요한 순간이나 상황이다. 이로 인해 일시적으로 환경은 불안정해질 수 있다.<br> 어떤 상황에도 나올 수 있으며, 상황에 구애받지 않는다. |

# 1. The Magician

마법사는 일반 사람들이 보기에는 불가능을 가능으로 만드는 힘을 가진 것처럼 보인다. 하지만 그는 보이지 않지만 엄연히 존재하는 이 세상의 법칙을 이용해서 원하는 의도를 성취할 뿐이다. 보이지 않지만 엄연히 존재하는 그 법칙을 신의 법칙이라고 이름 붙여도 될 것이다.

그의 의지는 현실의 다양한 요소들을 결합하고 활용해서 현현하게 된다. 책상 위에 다양한 도구와 재료들은 이 세상에 존재하는 근본 요소들을 상징한다. 또한 손을 하늘과 땅으로 뻗고 있는 것은 내면의 의도를 외부의 상황으로 현현시킬 수 있는 능력을 보여준다. 그의 머리 위 역 8자는 그러한 힘과 능력이 자기 혼자 만들어낸 능력이 아닌 신의 법칙과 힘을 이용하는 것임을 나타낸다.

이 사람은 특정 상황에 휘둘리는 것이 아니라 자신의 의지와 의도로 상황을 이용하거나 끌어갈 수 있음을 나타낸다.

The Magician은 어떠한 상황에도 잘 적응하고 어울리는 특징을 보여준다. 그런데 무겁고 우직하기보다는 가볍고 영리한 느낌을 자아낸다. 아이큐가 뛰어날 수도 있고 아니면 잔머리가 뛰어날 수도 있다. 상대가 The Magician의 마음일 경우 다양한 주제로 대화에 임할 수 있는 마음 상태이기에 서로의 생각을 나누며 의견의 차이를 좁혀가는 것이 좋다.

## ◆ 다양한 현실에서 The Magician의 적용 ◆

| 마음 상태 | 금전 운영 | 가정생활 | 연애 스타일 |
|---|---|---|---|
| 눈치가 빠르며 머리 회전이 좋다. 상황을 잘 파악하고 이용하는 능력이 뛰어나다. | 재테크에 관심이 많으며, 다양한 방식으로 금전을 운용한다. 호기심으로 인하여 안정성이 저하될 수 있다. | 크게 문제는 없으나 열심히 하지도 않는다. 갈등이나 문제가 있을 경우 해결하려 노력하나, 해결 불가능한 문제는 포기할 수 있다. | 잘 이끌어 나갈 수 있으나 가벼운 관계에 금방 싫증을 느낀다. 다양한 스타일의 데이트를 시도해 보려고 할 수 있다. |

| 업무 스타일 | 인간관계 | 일 | 상황(환경) |
|---|---|---|---|
| 업무 파악능력이 뛰어나고 개선능력도 뛰어나다. 경직적인 구조의 환경에서는 일에 집중이 잘 안되고 능력을 발휘하기 어렵다. | 두루두루 친하나 특정 그룹이나 사람에 연연하진 않는다. 모여서 단순한 사교활동을 하는 것보다 함께 무엇인가를 배우거나 생산적인 활동을 하는 것을 좋아한다. | 지루하고 반복적인 일을 싫어하며, 웬만한 일은 모두 잘 소화한다. 육체노동보다는 정신노동을 선호한다. | 다양한 문제를 해결해야 하는 상황에 유리하다. 다양한 상황에서 나올 수 있으며 어떤 환경이든 잘 적응하고 대처한다. |

# 2. The High Priestess

고위 여사제는 신을 섬기는 사람을 나타낸다. 여기서 신이란 온유함과 평화, 그리고 사랑을 나타낸다. 즉, 마음의 행복을 의미한다. 외부적인 성과보다 내면의 평화와 행복을 중시한다. 순간의 현상에 휘둘리지 않고 본질에 머무는 상태를 의미한다.

기둥은 하늘과 땅을 연결함, 신의 뜻을 현실의 삶과 연결함을 나타낸다. 손에 들고 있는 두루마리는 율법서로 순리에 따라 행동하는 삶을 나타낸다. 뒤의 석류나무와 종려나무는 파괴하는 것이 아니라 잉태하고 살아나게 하는 치유와 생명을 나타낸다. 장막은 비밀을 가리움을, 그 뒤의 넓은 바다는 원초적인 생명력과 모든 걸 포용하는 신성을 나타낸다.

인간관계에 있어서 사이좋음이 중요하다. 마음의 평온함과 행복에 집중하기에 상대방의 고통이나 불안에 민감하게 반응한다. 또한 자기 자신의 고통에도 민감하게 반응한다. 이해하고 공감하길 원하며 그로 인해 고통이 녹아내리길 원한다. 공격적이지 않기에 연약해 보이나 마음의 중심이 본질에 있기에 강하다. 생각이나 감정을 잘 드러내지는 않지만, 누구보다도 풍부하고 깊이 있는 감정을 느끼고 많은 생각을 하고 있을 수 있다.

내면적으로 민감한 상태라고 할 수 있다. 타인의 내면과 연결되어 있을 수 있다. 보통 부모님이나 형제, 절친 등 가까운 사람과 매우 밀접한 내적 교류를 갖는 상태이다. 어떨 때는 다른 사람의 고통이나 관계의 문제를 자기 탓으로 돌려 무거운 짐을 지고 있을 수 있다.

어른스럽고 넓은 마음을 타고나서 부모님이나 주변 사람이 이 친구에게 심적으로 의지하거나 고통이나 아픔을 많이 보여줄 수도 있다. 또는 일시적으로 가까운 사람이 힘든 상황에 놓여 그 마음을 함께 나누며 이겨내고 있는 중일 수도 있다.

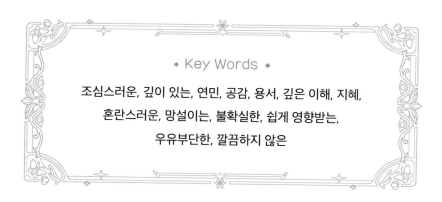

◆ Key Words ◆

조심스러운, 깊이 있는, 연민, 공감, 용서, 깊은 이해, 지혜,
혼란스러운, 망설이는, 불확실한, 쉽게 영향받는,
우유부단한, 깔끔하지 않은

◆ 다양한 현실에서 The High Priestess의 적용 ◆

| 마음 상태 | 금전 운영 | 가정생활 | 연애 스타일 |
|---|---|---|---|
| 내성적이고 민감하다. 자신의 마음과 다른 사람의 마음에 관심이 많다. 연민이 있다. 상황을 단순하게 생각하지 않고 깊이 있는 부분까지 고려하고 느낀다. | 자기만을 위한 지출보다는 가족이나 가까운 사람과 연관된 지출이 많다. 현실적인 관점에서 금전을 관리하거나 키우는 것에 관심이 없다. | 가족과 매우 깊은 관계를 맺으며 헌신적이다. 가족의 일을 자기 일처럼 느낀다. | 조심스럽고 신중하다. 인연이 맺어지면 쉽게 잘라낼 수 없고 헌신적이다. 가벼운 연애는 잘 하지 못한다. 적극적이지 않고 상대방의 영향을 굉장히 많이 받는다. |

| 업무 스타일 | 인간관계 | 일 | 상황(환경) |
|---|---|---|---|
| 업무 자체의 성과보다는 같이 일하는 사람들 또는 업무를 통해 만나는 사람들과의 관계가 중요하다. 주변 사람을 잘 도와줄 수 있다. | 적극적이지는 않으나 다가오는 사람을 거부하지는 않는다. 인연이 맺어지면 신경을 많이 쓴다. | 남을 도와주거나 사람의 마음을 헤아리는 일을 하면 잘 할 수 있다. 육아, 서비스, 심리, 종교 등의 일과 잘 어울린다. 경쟁이 심한 일은 힘들어한다. | 어떤 상황에든 조용히 잘 적응한다. 조용히 깊이 있게 사색할 수 있는 장소나 환경을 좋아한다. |

# 3. The Empress

여황제는 주변 사람에게 사랑과 인정을 베푼다. 그리고 그의 백성들 또한 그녀를 사랑하고 지지한다. 주변 환경이나 사람들과 긴밀하게 영향을 주고받으며, 그의 힘의 근원은 그녀를 포함한 우리에서 나온다. 자신의 아름다움과 매력으로 주변 사람과 좋은 관계를 만들어 간다. 그는 자신의 왕국을 품는 자애로운 어머니이다.

주변을 둘러싼 풍요로운 숲과 강의 물은 그의 에너지가 단순히 정신적인 것에 머무는 것이 아니라 주변의 상황을 물질적으로도 풍요롭게 만드는 것을 나타낸다. 금성의 기호와 등의 베개들, 그리고 풍성한 원피스 차림은 이 인물이 날카롭거나 공격적이지 않고 부드럽고 온화함을 보여준다. 금성은 매력을 가지고 있음을 나타낸다. 베개는 나를 지지해 주는 환경과 내가 편한 관계를 갖고 있음을 보여주고, 원피스는 편안함, 그리고 그려진 석류는 생명력, 풍요로움을 상징한다.

인간관계는 두루두루 주변 사람들과 좋은 관계를 맺고 유지한다. 서로 도움을 주고받으며 따뜻함과 온화함으로 관계를 유지한다. 편안함, 아름다움, 부드러움의 성질을 갖추고 있다. 부드러움을 선호하기에 강압적이거나 공격적인 것, 거친 것에 거부반응을 보일 수 있다.

타인에 대한 호의와 따뜻함, 도와줌으로 주변과 좋은 관계를 맺는 경우에도 나올 수 있고, 진정한 나 자신을 성장시키는 것에는 관심이 없고 외적인 치장에만 신경 쓰고 있음을 나타낼 수도 있다.

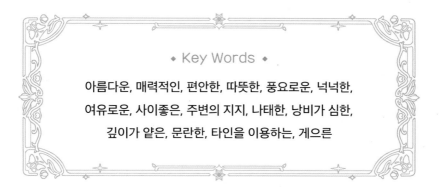

◆ Key Words ◆

**아름다운, 매력적인, 편안한, 따뜻한, 풍요로운, 넉넉한,**
**여유로운, 사이좋은, 주변의 지지, 나태한, 낭비가 심한,**
**깊이가 얕은, 문란한, 타인을 이용하는, 게으른**

◆ 다양한 현실에서 The Empress의 적용 ◆

| 마음 상태 | 금전 운영 | 가정생활 | 연애 스타일 |
|---|---|---|---|
| 부드럽고 따뜻하며 주변을 배려한다. 단점은 너무 주변 의존적이 될 수 있으며, 다른 사람의 평가에 큰 영향을 받을 수 있다. | 재복이 있다. 좋은 결과가 날 기회를 잘 느낄 수 있다. 주변 사람의 도움과 협력으로 쉽게 풍요로워질 수 있다. | 사랑받고 사랑을 주는 것에 익숙할 수 있으며, 환경적으로 정신적으로 부모님으로부터 충분한 사랑과 도움을 받았을 수 있다. | 자연스럽게 친해지고 가까워지는 것을 중요하게 생각한다. 자기가 적극적으로 연애에 임하지는 않는다. 결단을 못 내려서 좋은 관계가 흐지부지되는 경우가 있다. |
| 업무 스타일 | 인간관계 | 일 | 상황(환경) |
| 주변 사람과 도움을 주고받는다. 삶의 다른 부분을 희생하면서까지 일에 몰두하지는 않는다. 워라벨(work-life balance)이 중요하다. 폐쇄적으로 일하는 것을 좋아하지 않는다. | 대부분의 사람과 좋은 관계를 유지하며, 서로 돕는 것을 좋아한다. 주변 사람을 배려하지만, 자신을 깎아내리면서 다른 사람에게 희생하지는 않는다. 혼자서 무언가를 하는 것보다 함께 하는 것을 선호한다. | 미용, 네일, 디자인, 화훼 등 아름다움과 사람들의 만족이 중요한 일에 유리하다. | 나에게 호의적인 환경이나 상황이다. 편안하고 풍요롭다. |

# 4. The Emperor

황제는 자신의 강력한 힘과 능력으로 상황에 휘둘리지 않으며 중심을 잡고 상황을 주도한다. 그는 타협하거나 굴복하지 않으며 자신의 의지를 적극적으로 펼친다. 외부의 힘이 아닌 자신의 힘으로 왕국을 이루기에 굳건하고 흔들림이 적다. 작은 그룹이든 큰 그룹이든 집단 안에서 강한 존재감을 내뿜고 있을 가능성이 높다.

주변의 산은 남성의 근육과 같이 강인함을 나타낸다. 돌의자는 그의 통치권이 강하며 굳건함을 의미한다. 갑옷은 자신을 공격하거나 가로막는 대상과의 전투를 두려워하지 않을 보여준다. 전체의 붉은 색상은 에너지를 억누르는 것이 아니라 적극적으로 드러냄을 나타내고 의지, 열정, 힘이 넘쳐 흐름을 보여준다.

황제는 자기중심이 확고하며 의존성이 약하고 주도성, 독립성이 매우 강한 마음 상태를 의미한다. 삶의 주인은 나라는 마음 상태이다. 그렇기에 나의 인생을 타인이 좌지우지하는 것에 대해서 강한 반발심이 있을 수 있다.

매우 강한 성정을 가지고 태어났거나 삶 속에서 여러 번의 성취로 자신에 대한 신뢰와 믿음이 확고해진 상태일 수도 있다. 주변의 인정이나 칭찬으로 형성된 자신감이 아닌 자신과 자신의 힘에 대한 강한 확신이 바탕에 깔린 자존감이다.

◆ Key Words ◆

자존감, 독립심, 경쟁심, 투쟁심, 적극성, 당당함, 강력함,

공격적인, 강압적인, 독단적인, 독고다이

◆ 다양한 현실에서 The Emperor의 적용 ◆

| 마음 상태 | 금전 운영 | 가정생활 | 연애 스타일 |
|---|---|---|---|
| 자신의 삶에 대해 주도적이다. 어떤 일을 진행함에 진취적이며 도전적이다. 공격적일 때도 있으나, 이는 자신의 방향을 가로막을 때 일어난다. 자신의 결정과 행동에 에너지가 집중되기 때문에 다른 사람의 생각과 행동에 큰 관심이 없다. | 새로운 것을 시도하고 성공시키기 위한 지출은 아끼지 않는다. | 독립적이다. 가장의 역할을 맡게 되면 누구보다 열심히 할 수 있으나 독선적이 될 수 있으니 주의해야 한다. | 자신이 관심이 있는 이성에 대해 저돌적이며 적극적이다. 갈등이 일어났을 때 돌려서 이야기하기보다는 솔직하게 까놓고 해결하는 것을 선호한다. 자신의 입장에서 상대와 상황을 보고 이해하기 때문에 연애에 어려움이 있을 수 있다. 외부적인 문제가 생겼을 때는 두려워하지 않고 부딪치며 해결한다. |
| 업무 스타일 | 인간관계 | 일 | 상황(환경) |
| 온 힘을 다해 전투하듯이 일에 임한다. 지루하고 따분한 일을 싫어하며, 다른 누군가가 일에 대해서 간섭하는 것도 싫어한다. 도움도 간섭이라고 느낄 수 있기에 주변의 도움을 거절 할 수 있다. 일에 대해 주인의식이 있다. | 호불호가 확실하기 때문에 인간관계가 아군과 적이 확실하게 갈린다. 다른 사람의 의견이나 생각보다는 나의 결정과 마음이 더욱 중요하다. 그렇기에 인간관계에 별로 신경 쓰지 않는다. 나와 큰 상관이 없는 주변 사람과 조화를 이루는 데 관심이 없다. | 사업을 하는 경우가 많으며, 전문기술직도 좋다. 관료적인 체제에서의 관리사무직은 힘들어할 수 있다. 긴장감이 적고 지루한 일을 좋아하지 않으며, 자신의 힘을 100% 발휘할 수 있는 일을 선호한다. 자신보다 능력이 없는 상사를 모시는 것을 굉장히 고통스러워한다. | 주변에 의존하거나 조화를 이루는 것에 관심이 없기에 주변 상황이나 환경과 분리, 고립되어 있을 수 있다. |

# 5. The Hierophant

교황은 종교 황제의 약자이다. 그의 힘은 물질적인 힘이 아닌 정신적인 힘이다. 신을 향한 믿음 그리고 그 믿음대로 삶을 사는 것, 그것이 그의 힘이다. 일반 사람 관점에서는 신념이 있는 사람, 그리고 그 신념대로 삶을 사는 사람을 말한다. 신념은 눈에 보이지 않으니 외부의 힘으로 파괴될 수 없으며, 주변 상황이나 환경이 흔들 수 없다. 신념은 단순히 머릿속에 있는 사상이 아니며, 삶을 이끄는 강한 힘이다.

그는 삼중으로 된 왕관을 쓰고 삼중으로 된 홀(막대)를 쥐고 있다. 이는 천상과 인간, 지상을 연결하는 교황의 임무를 상징한다. 그의 발밑의 열쇠는 삶의 비밀을 열 수 있는 진리를 가지고 있음을 보여준다. 앞의 두 사람은 교황을 따르는 사제들로 교황에게 답을 구하는 사람이다.

그는 겉으로는 부드러워 보이나 내면은 매우 굳건하고 강하다. 힘든 상황에서도 불평불만 하지 않으며 묵묵히 자신의 뜻대로 행할 뿐이다. 인간관계에서도 가볍게 사람들과 친해지진 않지만, 한 번 가까워지면 믿고 신뢰할 수 있는 사람이다.

The Hierophant는 심신이 안정된 상태를 나타낸다. 나의 내면과 외부 환경이 하나의 방향으로 잘 정렬된 상태를 나타낸다. 편안하고 안정적인 느낌으로 일관된 태도를 보일 때의 마음 상태이다.

이 카드는 왕 카드이기는 하지만 여황제나 황제처럼 겉으로 보기에 이목을 집중시키는 카드가 아니다. 하지만 자신의 신념을 굽히지 않고 묵묵히 행할 뿐이다. 또는 자신이 믿고 따를 수 있는 존재가 옆에서 든든히 받쳐주고 있어서 마음의 흔들림 없이 잘 생활해 나갈 수도 있다.

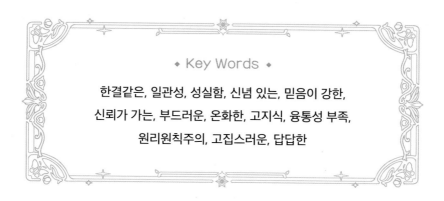

◆ Key Words ◆

한결같은, 일관성, 성실함, 신념 있는, 믿음이 강한,
신뢰가 가는, 부드러운, 온화한, 고지식, 융통성 부족,
원리원칙주의, 고집스러운, 답답한

◆ 다양한 현실에서 The Hierophant의 적용 ◆

| 마음 상태 | 금전 운영 | 가정생활 | 연애 스타일 |
|---|---|---|---|
| 자신만의 확실한 삶의 기준을 가지고 실천하며 살아간다. 부드럽고 진중하고 온화하며 도움을 요청하는 사람은 도와주나 이용당하지는 않는다. | 자신만의 변치 않는 재테크 철학이 있다. 확실하고 안정적으로 운영하며, 자신만의 방식을 고수한다. 투기나 도박 등을 좋아하지 않는다. | 가족의 구성원으로 한결같이 가족에 충실하다. 가족 구성원이 믿고 의지할 수 있다. | 화려하고 자극적인 연애보다는 잔잔하지만 깊이 있는 연애를 선호한다. 그렇기에 연애 초반에 불리한 점이 있을 수 있다. 하지만 사귀게 되면 평온하게 오래 지속된다. |

| 업무 스타일 | 인간관계 | 일 | 상황(환경) |
| --- | --- | --- | --- |
| 묵묵히 자신이 맡은 바의 일을 군소리 없이 한다. 일관성 있는 결과물을 도출하기에 주변 사람이 믿고 맡길 수 있다. 업무 포지션의 변화가 심한 것을 힘들어한다. 자신의 업무 방식을 고수한다. | 적극적이진 않으나 오는 사람을 막지는 않는다. 쉽게 마음을 주진 않지만 한 번 마음을 주면 오래간다. | 정치적이거나 임기응변이 필요한 일에는 적합하지 않다. 일관되고 안정적인 상황이나 환경을 선호하기에 사업보다는 직장생활에 더 적합하다. | 보통 주변 환경도 안정적인 경우가 많다. 경쟁이 심하거나 정신없는 환경에서는 불리하다. |

# 6. The Lovers

6번 연인들은 순수하고 열려 있는 태도로 관심을 가지며 관계를 맺는 것을 나타낸다.

벗고 있는 두 남녀는 아담과 이브를 모티브로 가져왔다. 뒤의 두 나무는 생명의 나무와 선악과를 나타낸다. 이는 서로 다른 것이 하나로 합쳐지는 과정에서 생명이라는 것이 탄생함을 나타내고 또한 하나에서 둘로 나뉘는 것이 분리인데 이로 선과 악이 생김을 보여준다. 발가벗고 있음은 순수하고 솔직함을 나타내고 서로를 향해 몸과 얼굴이 향해 있다는 것은 서로 관심 있음을 보여준다. 하늘의 천사는 소통과 교류는 자연스러운 신의 섭리임을 나타낸다.

우리는 새롭고 다른 것에 끌린다. 내가 방어하면 상대도 방어하게 되어 있다. 열린 마음은 상대의 마음을 열리게 한다. The Lovers은 서로에게 관심이 있으며 마음이 열려 있다. 타로에 쓰여진 단어는 단순히 해석하면 안 된다. 숨은 의미, 상징적인 의미에 집중해야 한다. The Lovers를 단순히 연애나 이성과의 관계에 국한해서 인식하는 경우가 많으므로 큰 관점에서 The Lovers에 대해 이해하는 것이 중요하다. 우리가 가족, 친지, 또는 처음 본 사람일지라도 관심이 있고 마음이 열려 있으며 소통, 교류하고 있으면 The Lovers의 마음 상태인 것이다.

인간관계가 폐쇄적이지 않고 사람을 가리지 않으며 두루두루 친해질 수 있는 힘을 가진다. 타인에 대한 호기심이 있으며 생각과 마음을 나누는 것을 즐긴다. 홀로 있는 것보다는 함께함을 즐긴다.

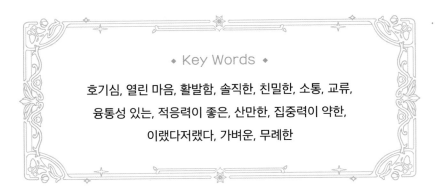

◆ Key Words ◆

**호기심, 열린 마음, 활발함, 솔직한, 친밀한, 소통, 교류,**
**융통성 있는, 적응력이 좋은, 산만한, 집중력이 약한,**
**이랬다저랬다, 가벼운, 무례한**

◆ 다양한 현실에서 The Lovers의 적용 ◆

| 마음 상태 | 금전 운영 | 가정생활 | 연애 스타일 |
|---|---|---|---|
| 호기심이 많고 새로운 사람, 환경과 관계 맺고 교류하는 것을 좋아하는 마음 상태이다. 솔직하고 소통을 중요하기 때문에 말이나 행동이 가벼워 보일 수 있다. | 사람을 만나고 새로운 경험을 하기 위해서 지출하는 것을 아까워하지 않는다. 돈을 벌 수 있는 기회나 아이디어가 사람을 통해서 올 수 있다. 안정성은 떨어질 수 있다. 새로운 재테크의 방식을 습득하고 실천하는 것에 열려 있다. | 가족의 구성원과 소통과 교류가 활발할 수 있으나, 다른 사람들보다 가족에 특히 더 집중한다고 할 수는 없다. | 맘에 드는 상대에게 적극적으로 자신을 어필하고 소통하고자 한다. 연애 기회가 많을 수 있다. 시작은 잘 할 수 있으나 안정적으로 유지할 수 있을지는 미지수이다. |

| 업무 스타일 | 인간관계 | 일 | 상황(환경) |
|---|---|---|---|
| 주변 사람, 환경과 적극적으로 소통하며 도움을 주고받는다. 문제가 해결이 안 될 경우에 억지로 하기 보다는 잠깐 다른 일을 하며 생각을 환기한다. 멀티태스킹이 뛰어날 수 있다. | 다양한 사람을 만나서 소통하고 교류하는 것을 좋아한다. 사교성이 뛰어나다. 두루두루 친하고 잘 어울린다. | 사람을 상대하고 서로의 생각을 교류하는 일에 적합하다. 상담, 교육, 영업 등과 같은 관계와 소통이 중시되는 일을 잘 할 수 있다. | 다양한 변화와 기회가 열려 있는 환경이나 상황이다. |

# 7. The Chariot

7번 전차는 서로 다른 것들이 하나가 되는 것에 대한 어려움과 그에 따른 큰 혜택을 보여준다.

사자의 몸과 사람의 머리와 가슴을 가진 신화적 존재 스핑크스는 이성과 본성의 합일, 지혜, 힘 등을 상징한다. 조개 모양의 갑옷과 어깨의 반달은 이 사람이 여성성(음)의 성질이 강함을 보여준다. 공격을 위한 것이 아닌 방어, 보호를 위한 강함이다. 참고 인내하며 합일을 이루는 힘을 가지고 있다는 것을 보여준다. 팽이는 원심력을 나타내며 사방으로 뻗어 나가는 힘을 중심에서 붙들고 있음을 보여준다.

서로 다른 것들이 하나로 합일을 이루기는 쉽지 않다. 특히 형상과 성질이 다른 것들은 더욱더 그러하다. 하지만 삶에서 우리는 그런 상황을 맞이하게 된다. 그때마다 분열하면 세상은 존재하지 않을 것이다. 중심으로 힘을 모아 하나로 합쳐져야 할 것이다. 그 인내의 과정은 힘들 수 있으나 그 열매는 매우 클 것이다. 서로 다르다는 것은 서로를 보완 할 수 있다는 것이고 합일되면 단순한 1+1=2가 아닌 3, 4, 5가 되는 시너지를 낼 것이다.

전차라는 단어에서 우리는 매우 역동적인 이미지가 떠오른다. 하지만 카드의 그림을 보면 전혀 역동적이지 않다. 이는 전차가 힘을 발휘하려면 먼저 서로 다른 각 요소들이 한마음으로 힘을 합쳐야 하기 때문이다. 그렇게 되었을 때 엄청난 힘을 발휘할 수 있다. 그렇지 않으면 힘을 잃고 서로를 공격하거나 방어하는 데 힘을 낭비하게 될 것이다.

우리, 내 사람, 내 편에 대한 애착이 강하다. 보호하고 함께한다. 가까운 사람의 어려움을 내 어려움처럼 나눈다. 밀접하게 하나 되어 움직이려 하기에 마음이 안 맞을 때 고통이 크다. 즐거움만 나누는 얕은 관계가 아닌 모든 것을 나누는 깊은 관계를 원한다.

The Chariot은 겉으로는 수줍고 방어적인데 안으로는 뜨겁게 타오르는 마음 상태이다. 마음이 복잡한 상태인데 이는 다양한 이유가 있을 수 있다. 하지만 그러한 상황에서도 참고 인내하면서 최대한 좋은 방향으로 상황을 이끌어가고 싶어 하는 상태이다.

예를 들어서 친한 친구와 사이가 좋았다가 나빠졌을 수도 있다. 그렇지만 그 친구와 다시 잘 지내고 싶은 마음이 큰 상태이다. 또는 팀원이나 부하직원이 말을 잘 안 들을 수도 있다. 하지만 잘 이끌어서 좋은 결과를 내려고 하는 마음 태도이다.

The Chariot은 자기 울타리, 자기 사람에 대한 애착이 매우 강한 마음 상태이다. 잘 안 맞거나 사람 때문에 힘들더라도 그 관계를 포기하지 않으려고 한다. 이는 의리가 강하다고도 할 수 있지만 스스로를 힘들게 하는 요인이 될 수도 있다.

◆ Key Words ◆

인내심, 포용력, 이해심, 배려, 의리, 목적의식,

끈질김, 모순적인, 겉과 속이 다른, 경계심이 있는,

잘 잊지 못하는

◆ 다양한 현실에서 The Chariot의 적용 ◆

| 마음 상태 | 금전 운영 | 가정생활 | 연애 스타일 |
|---|---|---|---|
| 참을성이 강하며, 충분히 준비되기 전에는 행동에 옮기지 않는다. 신중하며, 단호하다. | 자산의 성장은 느리나 한 번 성장하면 잘 무너지지 않는다. 투자에 신중하다. | 가정과 자신을 분리해서 생각하지 않는다. 확실하게 가정을 지키며, 구성원과 긴밀한 관계를 갖기 위해 노력한다. 가족에 대한 애착과 책임감이 강하다. | 신중하고 조심스럽기 때문에 연애 초반이 느리고 불확실할 수 있다. 하지만 연애가 시작되면 관계에 대한 집중도가 좋으며, 결속력이 강하다. 그렇기에 웬만하면 길게 유지된다. 헤어질 때 깔끔하지 않고 큰 고통이 수반될 수 있다. |

| 업무 스타일 | 인간관계 | 일 | 상황(환경) |
|---|---|---|---|
| 새로운 환경, 방식, 사람을 좋아하지 않는다. 익숙한 일을 반복하거나 더욱더 견고히 하여 확실한 우위를 가지려 한다. 팀원과 깊이 있는 유대감으로 관계의 좋고 나쁨이 업무 성과에 크게 영향을 줄 수 있다. | 좁고 깊으며, 조심스럽다. 자신의 사람과 아닌 사람에 대한 구분이 확실하다. 가까운 사람을 가족과 같이 여긴다. | 안정된 환경에서 일하기를 희망한다. 같이 일하는 사람이나 장소가 자주 변하는 것을 좋아하지 않는다. 그렇기에 적응력, 임기응변이 떨어질 수 있다. 지루하고 반복적인 일도 개의치 않고 잘한다. | 자신의 스탠스가 확실하며, 힘을 비축하거나 키워가는 상황에서 나오는 경우가 많다. 주변의 환경은 안정적이나 자신의 지위는 확고하지 않을 수 있다. 또는 자신의 영역이 확고하여 그 영역을 방어하고 지키는 데 힘을 쏟을 때 나올 수 있다. |

# 8. The Strength

8번 힘 카드는 서로의 힘이 온전히 드러나 맞부딪치는 것을 나타낸다. 사자는 백수의 왕이며 동물적, 물질적 힘을 상징한다. 흰색 옷을 입은 여성은 신의 대리인으로 인간적, 정신적 힘을 상징한다. 이 두 힘이 맞붙고 있으며, 여성의 힘이 사자의 힘을 제압하고 있는 모습을 보여준다.

인간은 동물과 신, 두 가지 차원에 걸쳐 있는 존재이다. 그렇기에 동물만도 못한 인간이 있을 수 있고, 부처님이나 예수님 같은 신적인 존재인 인간도 있을 수 있다. 우리의 가능성은 무한하다. 우리가 동물과 다른 인간의 차원의 삶을 살려면 나의 내면의 순수한 본성을 외부로 표출할 수 있는 용기가 필요하다. 그럴 때 우리는 나의 동물적인 본성과 힘을 제어하게 될 것이다. 또한, 삶 속에서도 자신의 안위와 이익만을 생각하는 약육강식의 동물의 세계가 펼쳐지기도 한다. 이때 우리는 '동물적인 본성에 굴복하여 그러한 방식으로 살 것인가? 아니면 용기를 내어서 인간적으로 맞서고 나의 삶을 쟁취할 것인가?'를 선택해야 할 것이다. 힘 카드는 도망치지 않으며 맞서는 마음의 상태를 나타낸다. 또한 동물적인 내면이든 인간적인 내면이든 자신의 내면을 적나라하게 외부로 뿜어낸다.

인간관계에 있어서 솔직하며 정열적이다. 서로의 순수한 마음이 솔직하게 부딪치기를 바란다. 가식적이거나 수직적인 관계를 견디기 힘들다.

　자신의 힘을 거리낌 없이 내뿜는 마음 상태이다. 인간적으로 아니라고 생각되는 것에 맞서거나 분노를 터트린다. 다들 YES라고 해도 이건 아니라고 느낌이 강하게 들면 NO라고 이야기할 수 있는 용기이다. 또한 외부의 부당한 강압에도 도망치거나 굴복하는 것이 아닌 매우 격렬하게 저항하거나 적극적으로 반응을 할 때의 마음 상태이기도 하다.

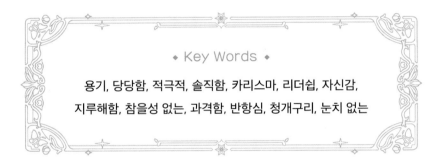

◆ Key Words ◆

용기, 당당함, 적극적, 솔직함, 카리스마, 리더쉽, 자신감,
지루해함, 참을성 없는, 과격함, 반항심, 청개구리, 눈치 없는

◆ 다양한 현실에서 The Strength의 적용 ◆

| 마음 상태 | 금전 운영 | 가정생활 | 연애 스타일 |
|---|---|---|---|
| 용기 있고 당당하다. 자신의 의사나 생각을 적극적으로 표현한다. 상황을 장악하고 주도하려고 한다. | 시원시원하며 털털하다. 써야 하는 상황에서는 이것저것 따지지 않고 통 크게 쓴다. 돈에 쩔쩔매기보다는 돈의 주인이 되고자 한다. | 서로 솔직하고 적극적으로 자신의 의사를 표현하고 나눈다. 가족내 위계질서에 순종하기보다는 각자의 개성을 존중하고 표출하길 원한다. | 애정표현이 적극적이다. 조용하고 심심한 연애보다는 활력 넘치고 자극적인 연애를 좋아한다. 타인의 시선에 신경 쓰지 않고 연애를 한다. |

| 업무 스타일 | 인간관계 | 일 | 상황(환경) |
|---|---|---|---|
| 계획적이고 체계적으로 일을 하기보다는 지금 당장 나에게 자극을 주고 신경 쓰이게 하는 일에 온 힘을 집중한다. 타인의 도움을 받거나 이용하기보다는 자신의 능력과 힘으로 업무를 처리한다. | 사람과의 관계에서 적극성을 띤다. 존재감이 있고 상황을 리드할 수 있다. 인간관계의 호불호가 확실하게 갈릴 수 있다. 강압적인 윗사람과 충돌이 있을 수 있다. 서로에 대해서 솔직하고 가식적인 인간관계를 싫어한다. | 어쩔 수 없이 시켜서 하는 일을 싫어한다. 자신이 소모품처럼 소모되는 것을 싫어한다. 자신이 온 힘과 집중을 할 수 있는 일을 하려고 하고 한다. | 편안하지 않고 적극적으로 나서서 대응을 해야 하는 상황이다. 장애나 어려움이 있을 수 있다. |

# 9. The Hermit

9번 은둔자 카드는 외부와 주변의 다양한 것과 차단된 채 온전히 하나에 집중함을 나타낸다. 이는 온전히 대상과 합일된 관계를 맺고 있음을 나타낸다. 이는 정신적인 형태를 띨 수밖에 없는데 물질은 분리되어 있기에 온전한 합일이 불가능하기 때문이다.

그림을 보면 주변에 아무것도 그려져 있지 않다. 이는 주변에 아무것도 없다는 것이 아니라 관심은 주변의 것들에 영향을 받지 않는다는 뜻이다. 이 사람은 회색의 로브로 온몸을 가리고 있다. 이는 자신의 개성이나 존재감을 외부로 뿜어내는 것이 아님을 나타낸다. 또한, 눈을 감고 있다는 것도 관심이나 집중이 외부에 있지 않고 내면에 있음을 보여준다. 손에 든 등불은 정신의 힘이 한 지점으로 집중되어 있음을 나타낸다.

매우 소수의 사람과 깊은 관계를 맺고 있거나 외부와 거리를 두고 자신의 내면에 빠져들어 있는 마음의 상태를 나타낸다. 성향이 매우 소극적이거나 상황적으로 한 걸음 물러나 후퇴한 상태일 수 있다.

성향이 소극적인 경우, The Hermit은 한 가지에 대한 과도한 몰두가 나타날 수 있다. 게임, 소설, 그림, 공부 등 어떤 것인지는 개인차가 있겠지만 한 가지에 매우 집중하는 상태일 수 있다. 이럴 경우, 그 관심사에 대해 관심을 보이며 대화를 이어가면 수월하게 상담을 진행할 수도 있다. 그 외에는 무관심하거나 벽이 있을 수 있다.

그리고 특정 주제에만 몰두가 되어 있어 다른 사람들과 두루두루 교제하는 것을 어려워할 수도 있다.

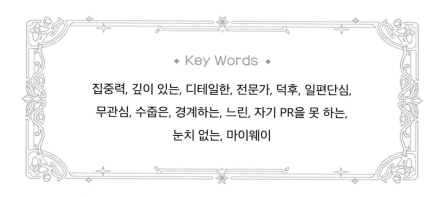

◆ Key Words ◆

집중력, 깊이 있는, 디테일한, 전문가, 덕후, 일편단심,
무관심, 수줍은, 경계하는, 느린, 자기 PR을 못 하는,
눈치 없는, 마이웨이

◆ 다양한 현실에서 The Hermit의 적용 ◆

| 마음 상태 | 금전 운영 | 가정생활 | 연애 스타일 |
|---|---|---|---|
| 진중하고 진지하며 자신의 관심사에만 집중을 한다. 어떤 것을 인식할 때 겉핥기식이 아닌 확실하고 완벽하게 파악하려고 한다. | 지출이 거의 없으나, 자신의 관심사에는 아낌없이 지출할 수도 있다. 그렇다고 관심사에 사치를 부리는 것은 아니다. 도박, 흥정 등 변수가 크고 예상하기 힘든 것을 좋아하지 않는다. | 이것저것 세심하게 신경 쓸 수 있으나 티를 내지 않으므로 다른 가족들은 그러한 노력을 모를 수 있다. | 한 사람에게 온전히 집중하고 세심하게 신경 쓰는 연애를 할 수 있다. 그러나 자신의 마음을 적극적으로 표현하거나 타인의 마음을 얻으려고 노력하지 않아 초반의 시작이 어렵다. |

| 업무 스타일 | 인간관계 | 일 | 상황(환경) |
|---|---|---|---|
| 조용히 맡은 바의 일을 완벽하고 충실하게 수행하려 한다. 업무 환경이 정신없거나 체계적이지 않으면 집중력이 흐트러지기에 좋아하지 않는다. 온전히 집중할 수 있는 환경이 조성되어야 일이 더 잘된다. | 다양한 주제에 대한 교류나 타인의 관심사에 별로 관심이 없을 수 있기에 관심사가 비슷한 소수의 사람과 깊이 있게 관계하는 것을 편하게 느낀다. 다양한 사람을 만나고 친해지는 데 어려움을 느낄 수 있다. | 전문기술직이나 연구직 같은 조용히 자신에게 부과된 일만 완벽하게 수행하면 되는 일이 잘 맞는다. | 주변과 연결이 단절된 상황이나 환경에 놓여 있을 수 있다. 주변 환경과 적극적으로 커뮤니케이션하지 않는다. |

# 10. Wheel of Fortune

10번 운의 수레바퀴는 항상 우리에게 영향을 끼치는 힘이다. 그 힘은 매우 은은하며 매우 자연스럽게 스며들기에 쉽게 인지하기 어렵다. 하지만 깨어있으며 예민하게 살피면 파악할 수는 있다. 수레바퀴의 모양은 배를 모는 조타륜의 모양과 같다. 능숙한 뱃사공은 자신의 기술만으로 배를 몰지 않는다. 바람과 파도의 방향과 세기를 읽는다. 우리는 노력만으로 세상을 원하는 방향으로 살 수 없다. 주변의 흐름을 읽어야 한다. 이 흐름을 운이라고 한다.

운의 상징으로 수레바퀴를 쓴다. 바퀴는 움직임을 본질로 한다. 멈춰 있는 것은 바퀴가 아니다. 즉, 운이란 변하고 움직인다는 것이다. 계속 좋은 운도 없고, 계속 나쁜 운도 없다. 테두리의 4개의 생명체는 세상을 근본적으로 구성하는 원소의 힘을 나타낸다. 운이란 다양한 모습으로 오고 체험됨을 나타낸다. 또한 이 세상에는 운의 흐름에 영향받지 않는 존재는 없음을 보여준다. 스핑크스는 우리가 이 운이라는 것을 이해하고 제어할 수 있을 때 삶의 지혜를 얻음을 알 수 있다. 이누비스와 뱀은 경계를 넘나드는 존재로 운이란 죽음과 재탄생의 과정을 거침을 보여준다.

보통 이 카드가 나올 때는 상황에 의해 변화를 겪으며, 상황에 대한 통제

권을 상실하고 주변의 힘에 영향을 받는 상태를 나타낸다. 이 흐름을 올라
타서 기회를 잡거나 노력보다 더 큰 성취를 얻을 수도 있고 흐름과 동떨어진
선택을 일삼으며 실패의 늪에 빠질 수도 있다. 어찌 됐든 이 시기에 우리는
마음을 열고 시야를 넓게 가져야 한다.

　다양한 경험을 열린 마음으로 즐기며 맞이하는 마음 상태이다. 그로 인한
기복이 심하게 나타날 수도 있다. 일반적으로 새로운 환경이나 상황을 맞이
해 적응 중일 때 많이 나온다. 스펀지가 물을 흡수하듯 현재 자기를 둘러싼
것들을 흡수하는 중이다.

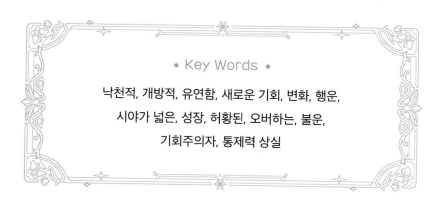

## ◆ Key Words ◆

낙천적, 개방적, 유연함, 새로운 기회, 변화, 행운,
시야가 넓은, 성장, 허황된, 오버하는, 불운,
기회주의자, 통제력 상실

## ◆ 다양한 현실에서 Wheel of Fortune의 적용 ◆

| 마음 상태 | 금전 운영 | 가정생활 | 연애 스타일 |
|---|---|---|---|
| 새로운 흐름에 적극적, 개방적이고 새로운 환경에 적응력이 좋다. 지나간 것에 연연하지 않는다. 성장에 대한 욕구가 있으며 새로운 경험을 하는 것을 좋아한다. 큰 흐름과 변화에 대해 관심이 있고 그 원리에 대해 알고 싶어 한다. | 주변 환경을 이용해서 돈을 벌 수 있으며, 저축하는 것에 별 관심이 없다. 도박적인 성향이 있을 수 있으니 주의를 해야 한다. 계속해서 새로운 시도와 투자를 하려고 한다. 투자할 때와 보유할 때를 구분하는 지혜가 필요하다. | 가정생활에 안정감이 떨어질 수 있다. 힘들고 어렵더라도 유지해서 이끌어 가는 것에 별로 관심이 없다. | 오는 인연 안 막고 가는 인연 안 붙잡기에 연애를 시작하기에 좋을 수 있다. 안정성, 지속성이 보장되지는 않는다. |

| 업무 스타일 | 인간관계 | 일 | 상황(환경) |
|---|---|---|---|
| 하나의 일만 반복해서 집중하는 것을 별로 안 좋아한다. 새로운 환경, 업무에 대한 적응력이 좋다. 성장에 대한 욕구가 있기에 단순 반복적인 일을 좋아하지 않는다. | 다양한 사람들과 관계 맺는 것을 좋아하며, 안 되는 관계에 억지를 쓰지 않는다. 깊이는 얕을 수 있지만 억지 쓰지 않기에 오히려 길게 인연이 이어지기도 한다. | 교육, 해외, 상담 등 다양한 사람을 만나고 다양한 경험, 지속적인 성장을 하는 일이 좋다. | 내가 계획, 의도하지 않은 상황이 나에게 영향을 주고 삶의 변화를 줄 수 있다. 새로운 기회나 쇠퇴, 방향이 제시되는 환경이다. |

# 11. Justice

11번 정의 카드는 인과율을 나타내는 카드이다. 우리의 행위는 언젠가 나에게 결과로 돌아오게 된다. 콩 심은 곳에 콩 나고, 팥 심은 곳에 팥이 난다. 이것이 저울의 균형이며, 정의이다.

저울은 균형, 인과율을 상징한다. 검은 절대 이성, 합리성 등을 나타낸다. 정의의 기준이기도 하다. 뒤의 기둥과 베일은 정의의 근원은 인간이 만들어 낸 것이 아닌 자연법(신이 만든 법칙)에 근거함을 보여준다.

이 카드는 상황의 전환점에 나오게 된다. 내가 상황을 만들어가는 시기가 있고, 만들어온 상황에 순응해야 하는 시기가 있다. 그러한 시기의 전환을 나타낸다. 이때 우리는 겸허하게 상황을 받아들이는 것이 좋다. 만약 그렇지 못한다면 추해질 뿐이다.

상황이나 사람에 무난하게 적응하는 마음 상태이다. 무리하지 않는다. 극단적이거나 치우친 방향으로 선택하지 않는다. 너무 앞서나가는 것도 너무 뒤처지는 것도 사양한다. 적절한 균형 상태를 선호한다.

자기의 욕구보다는 상황이 어떻게 돌아가는지에 대해 더 관심이 많다. 상황에 맞춰서 행동하고 판단하는 마음 상태이다. 상황이 복잡한데 그런 복잡함에 휘둘리기 싫어 적당히 거리를 두고 있을 때 나올 수도 있다. 개인적인 욕구에 따라 반응하기보다는 전체적인 상황이 올바른가 올바르지 않은가에 더 반응한다. 합리적이거나 이치에 맞지 않는 것에 대해서 반발할 수 있다.

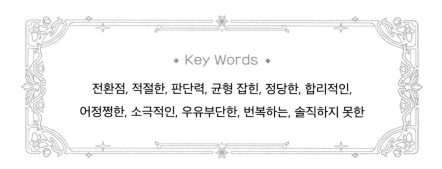

♦ Key Words ♦

전환점, 적절한, 판단력, 균형 잡힌, 정당한, 합리적인,
어정쩡한, 소극적인, 우유부단한, 번복하는, 솔직하지 못한

♦ 다양한 현실에서 Justice의 적용 ♦

| 마음 상태 | 금전 운영 | 가정생활 | 연애 스타일 |
|---|---|---|---|
| 충동적으로 먼저 행동하는 것이 아니라 상황을 객관적으로 파악하여 적절하게 대응하고 움직인다. | 수입에 따른 균형 잡힌 지출을 한다. 상황에 따른 적절한 지출을 한다. 여러 가지를 고려하여 조화로운 지출을 한다. | 가족 구성원 간의 갈등이 있을 경우 중재자의 역할을 한다. 가족이 안정적으로 유지될 수 있도록 부족한 부분을 채운다. | 상대방의 요구사항을 적절하게 잘 맞춰주거나 들어줄 수 있으나, 터무니없다고 생각하는 것은 무시할 수 있다. 보통 균형 잡힌 연애를 해서 큰 문제는 없다. 큰 자극도 없을 수 있다. |

| 업무 스타일 | 인간관계 | 일 | 상황(환경) |
|---|---|---|---|
| 나의 욕구와 회사의 요구 사이에서 적절하게 균형을 잡는다. 약아 보일 수는 있으나 보통 이상의 노력을 하여 성과를 내기 때문에 책잡힐 구석은 없다. 무조건적인 복종이나 헌신을 거부한다. | 한쪽으로 치우치지 않고 균형 잡힌 태도를 취하기에 적이 없을 수 있고 두루두루 친할 수 있다. 그러나 확실한 내 편도 없을 수 있다. | 독립적이고 창조적인 일보다는 조직, 단체 생활에 적합하다. 중재, 컨설팅, 서비스 등 상대의 요구를 적절하게 들어주는 일이나 여러 사람의 갈등을 조율하는 일을 잘할 수 있다. | 새로운 일을 추진하고 시작하는 상황이라기보다는 어떤 흐름이 일단락되는 시기라고 할 수 있다. 흐름을 바꾸기에는 이미 늦은 감이 있다. |

# 12. The Hanged Man

12번 매달린 사람은 에고의 자유가 구속된 상태를 나타낸다. 내 마음대로 할 수 없고 주변의 힘에 따라야만 하는 상황이다. 내적으로 반항할 수 있으나 그렇다고 상황을 바꿀 순 없다. 내적인 저항은 고통을 증대시킬 뿐이다.

T자 모양의 나무는 타우십자가라 불리는 상징이다. 히브리어 알파벳의 22번째 글자, 즉 마지막 문자다. 타우는 성서적 의미에 있어서 하느님의 것이라는 뜻을 가지고 있다. 이는 개인의 의지로 삶을 사는 것이 아닌 신의 뜻에 삶을 맡기는 것을 나타낸다. 팔과 다리가 묶임은 상황을 제어할 수 없음을 보여준다. 머리의 빛은 신의 지혜를 나타낸다.

우리는 살면서 내 마음대로 삶을 살려고 한다. 하지만 그렇지 못하고 주변의 힘에 일방적으로 따라야 하는 상황이 있다. 군대, 임신, 부모님의 병수발, 국가적 재난 사태 등 특정 상황에서 개인의 자유는 제약되고 큰 흐름을 따라야 한다. 이때 겉으로는 따르며 속으로는 반항할 수 있으나 그렇다고 해서 상황에 영향을 끼치는 것이 아니기에 더욱 고통스럽기만 할 뿐이다. 이러한 상황은 우리의 인내심을 기르고 내면의 깊이를 더하게 도울 수도 있다. 깨달음이란 내 맘대로 삶을 살 때가 아닌 내 마음을 비우고 신의 뜻대로 살 때 나타난다.

의기소침한 일이 있어서 일시적으로 이런 상태에 놓여 있을 수도 있고, 오래된 상황으로 인해 이런 상태가 오래 지속되고 있을 수 있다. 어찌 됐든 그 마음에 공감하고 따뜻하게 품어주는 것이 필요하다.

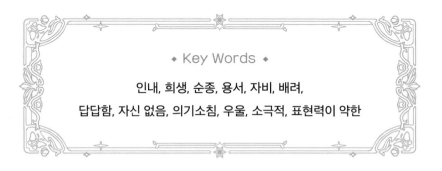

◆ Key Words ◆

인내, 희생, 순종, 용서, 자비, 배려,
답답함, 자신 없음, 의기소침, 우울, 소극적, 표현력이 약한

◆ 다양한 현실에서 The Hanged Man의 적용 ◆

| 마음 상태 | 금전 운영 | 가정생활 | 연애 스타일 |
|---|---|---|---|
| 나를 드러내지 않고 주변의 사람, 상황에 되도록 맞추는 마음 상태이다. 자신의 의도나 생각을 밖으로 드러내는 것을 어려워하기에 소극적이고 내성적으로 보일 수 있다. | 주도적, 계획적으로 금전을 운영하지 않는다. 상황에 맞춰서 쓰는데 계산적으로 쓰진 않는다. 안 쓸 때는 아예 안 쓰는 식으로 위기를 넘길 수 있다. 가족이나 주변 사람을 위해 지출할 수 있다. 금전 운영에 대한 주도권을 쥐지 못하고 있다. | 가족 구성원에 헌신하고 다른 사람의 평화와 행복을 위해 자신을 희생한다. 부모의 의견에 반대하지 못하고 무조건 따를 수 있다. | 연애를 하는 도중에는 상대에 굉장히 헌신적일 수 있으나 적극성과 리드하는 힘이 부족하여 초반에 이성의 마음을 얻기가 힘들다. 연애를 진행하는 중에 일방적으로 상대에게 맞춰주기만 해서 관계가 건강하지 않을 수 있다. |

| 업무 스타일 | 인간관계 | 일 | 상황(환경) |
| --- | --- | --- | --- |
| 시키는 대로 묵묵히 한다. 자발성이 약하기에 수직적, 관료적인 분위기에 잘 적응한다. | 오는 사람 안 막고, 가는 사람 안 막는다. 먼저 관계를 끊지 않기에 한 번 인연이 맺어지면 오래가는 경향이 있으나 인간관계를 관리하지 않는다. | 의료, 서비스, 주부, 종교인 등 타인을 위해 봉사하는 일에 적합하다. 경쟁이 심한 일에 어울리지 않는다. | 내 뜻을 펼치기 힘든 상황이다. 내가 감당할 수 있는 것보다 많은 책임, 부담이 부여되고 있는 상황일 수 있다. 또는 나의 뜻과 다른 걸 강하게 요구받는 상황일 수도 있다. |

# 13. Death

　13번 죽음은 외부의 힘으로 인한 본질적 변화를 나타낸다. 이는 애착했던 과거나 대상과의 단절을 불러온다. 우리는 애착 있는 시간대나 대상과 동일시를 한다. 하지만 삶이란 고정된 것이 아니기에 그 동일시와 단절되는 순간은 분명히 온다.

　심오한 카드답게 상징이 매우 풍부하게 나타난다. 흰색과 검은색으로 구성된 해골기사는 죽음을 상징화한 존재이다. 그들 앞에 세 사람은 죽음을 맞이하고 있으며, 그에 대한 태도를 보여준다. 사제는 겸허히 받아들이고, 젊은 처녀는 공포에 기절하며, 아이는 천진난만하게 바라볼 뿐이다. 기사의 말 아래는 이미 죽은 사람이 있는데 복장과 왕관으로 보아 살았을 적 부귀영화를 누린 것으로 보인다. 하지만 그런 것도 죽음을 피하게 도움을 주진 않는다. 뒤의 강은 여러 종교나 신화에서 나오는 죽을 때 건너는 강이다. 그 뒤의 세계는 사후 세계로 두 개의 탑은 뒤쪽은 결코 이해할 수 없는 영역을 나타낸다. 그곳에서 해가 뜨는 것은 이생에서의 죽음이 사후 세계에서의 탄생을 의미하기 때문이다.

　미국의 심리학자 엘리자베스 퀴블러-로스는 죽음을 선고받고 이를 인지하기까지의 과정을 5단계로 구분 지어 놓았다. 그 상황이 닥치면 그 상황에 대해 부정 - 분노 - 협상 - 우울 - 수용의 단계가 일어난다고 한다. 우리가 애착을 가지고 동일시하던 것과의 단절이 일어나면 위 5개의 단계 중 몇 가지가 나타나게 된다. 귀결은 수용으로 일어난다. 이는 되돌릴 수 없으며, 피할 수 없기 때문이다.

Death는 매우 강렬한 카드이다. 하지만 그 강렬함의 밑에는 강한 부정적 감정이 자리 잡고 있을 수 있다. 가족이나 세상에 대한 부정적인 시각, 또는 하고 싶었던 것을 어떤 이유로 하지 못해 생긴 좌절감 등이 바닥에 깔려있으며 그것에 반발하여 생기는 독기 같은 에너지이다.

이 카드는 강한 결단력을 나타내기도 한다. 예를 들어 학교를 중퇴하고 음악에 올인하는 경우에도 이 카드가 나오기도 한다. 그럴 경우, 섣부르게 반대하면 관계가 매우 소원해질 수 있다. 내 편과 아닌 편을 매우 명료하게 가르는 마음 상태이기도 하다.

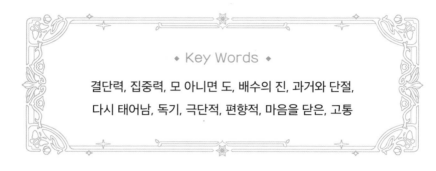

◆ Key Words ◆

결단력, 집중력, 모 아니면 도, 배수의 진, 과거와 단절,
다시 태어남, 독기, 극단적, 편향적, 마음을 닫은, 고통

## ◆ 다양한 현실에서 Death의 적용 ◆

| 마음 상태 | 금전 운영 | 가정생활 | 연애 스타일 |
|---|---|---|---|
| 극단적인 마음 상태이다. 어떤 부분에는 엄청나게 몰두, 애착, 집중하면서 어떤 부분에는 아예 무관심할 수 있다. | 큰 위기가 찾아올 수 있다. 이 위기를 극적으로 넘긴다면 큰 기회가 될 수도 있다. | 가족 전체 또는 특정 구성원과 극도로 갈등을 겪을 수 있다. 인연을 끊는 것은 매우 어렵기에 서로 어느 부분은 포기하고 살아간다. 또는 서로 왕래가 아예 없을 수도 있다. | 사랑을 하면 미친 듯이 올인하여 몰두할 수 있다. 상대가 매우 부담스러워할 수도 있고, 굉장히 깊이 있는 관계로 혼연일체가 될 수도 있다. 집착이나 애착이 너무 강해서 서로 힘들 수도 있다. |

| 업무 스타일 | 인간관계 | 일 | 상황(환경) |
|---|---|---|---|
| 나눠서 체계적으로 일을 하기보다는 한꺼번에 엄청난 노력과 힘을 쏟아부어 일 처리를 할 수 있다. 자극이 약한 일에는 흥미를 느끼지 못할 수 있다. 기간이 닥쳐와야 급하게 일 처리를 한다. | 매우 좁고 깊거나, 깊이가 없이 넓기만 할 수 있다. 극단적 양상을 띤다. | 힘들고 어렵고, 불가능에 가까운 일들을 도전하고 해내는 일들에 적합하다. 이는 육체적일 수도 있고 정신적일 수도 있으며, 둘 다일 수도 있다. | 상황이나 흐름이 단절될 수 있으며, 애착이 있는 장소, 사람, 물건과 인연이 끊길 수 있다. |

# 14. Temperance

14번 절제는 상황과 나의 의지가 조화를 이루는 것을 나타낸다. 여기에 천사가 나타남은 이 상태가 매우 이상적인 상태라는 것을 보여준다. 이때 필연적으로 요구되는 것이 에고의 절제이다. 절제란 단순히 참거나 억누르는 억제와 다르다. 나의 마음을 주변의 마음과 일치시킴을 나타낸다.

컵의 물이 하나로 섞임은 1+1=1이라는 것을 표현한다. 조화란 단순히 물리적인 합일이 아닌 화학적인 합일에 가깝다. 합창단을 예로 들면 10명의 합창단원이 조화를 이루면 10개의 목소리가 아닌 하나의 목소리로 들리게 된다. 가슴의 세모와 네모는 정신과 물질의 합일을 보여준다. 천사는 신의 사자이다. 천사가 땅에 내려와 있는 카드는 Temperance가 유일하다. 그의 행위는 신의 뜻과 법칙이 현실 세계에 펼쳐지는 것이다. 삶에 저항하지 않고 조화를 이루면 우리의 삶은 자연스럽게 신의 뜻을 따르게 된다. 이 세상은 신의 뜻과 법칙으로 움직이기 때문이다.

Temperance는 나의 마음과 외부의 환경이 서로 조화를 이루는 상태이다. 두루두루 잘 어울리고 화합한다. 내가 튀거나 나서는 기운이 아니다. 대세에 거스르는 기운도 아니다. 그렇다고 방관자의 태도를 취하는 것은 아니다. 무리 되지 않고 자연스럽게 어울리고 참여한다. 하지만 그렇기에 갑작스러운 성장이나 변화가 없을 수 있다. 만약 갑작스러운 성장이 있다면 특정 개인이 아닌 집단 모두가 갑작스럽게 성장할 것이다.

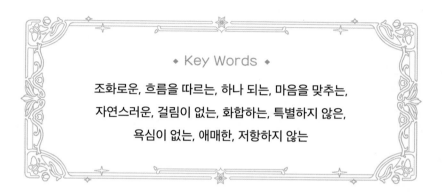

• Key Words •

조화로운, 흐름을 따르는, 하나 되는, 마음을 맞추는,
자연스러운, 걸림이 없는, 화합하는, 특별하지 않은,
욕심이 없는, 애매한, 저항하지 않는

◆ 다양한 현실에서 Temperance의 적용 ◆

| 마음 상태 | 금전 운영 | 가정생활 | 연애 스타일 |
|---|---|---|---|
| 주변 상황에 잘 적응하고 녹아든다. 타인을 배려하고 자기 일처럼 열심히 할 수 있다. 온화하고 포용력이 넓다. | 계산이 분명하지 않아서 나중에 문제가 생길 수 있다. 다른 사람, 조직, 단체의 지원을 받기 쉽다. | 가족의 마음을 헤아리고자 노력하고 함께 하려고 한다. 가장으로서 권위가 약할 수 있으나 자상하고 따뜻하다. | 상대와 진심으로 하나 되려 하고, 적극적이다. |

| 업무 스타일 | 인간관계 | 일 | 상황(환경) |
|---|---|---|---|
| 하나의 업무에 구애받지 않고 전체적인 흐름, 요구에 영향을 강하게 받으며, 함께 조율해 나간다. 집중력이 약할 수 있다. 혼자보다는 팀으로 일을 하는 게 더 좋을 수 있다. | 사람을 가리지 않으며, 개방적이어서 인간관계가 폭넓을 수 있다. 오지랖이 넓어 시비에 휩쓸릴 수 있음을 조심해야 한다. | 주변 사람과 함께 하는 일, 결속시키고 중재시키는 일을 잘한다. 서비스 업종, 컨설팅, 기획 등에 탁월함을 보일 수 있다. | 주변 사람, 환경과 편안하고 친밀한 관계를 맺고 있으며, 교류와 소통이 잘 되고 있다. |

# 15. The Devil

15번 악마는 더 강한 힘에 약한 힘이 복종하고 따르는 것을 나타낸다. 이는 현실적으로 권위나 권력을 의미한다. 수직적인 힘과 구조를 보여준다. 정신은 평등할 수 있으나 물질은 평등하기 어렵다. 자연도 약육강식의 서열화된 힘으로 움직인다. 하지만 동물들은 강자가 약자를 말살하진 않는다. 이는 전체적인 관점에서 모두 연결되어 있기 때문이다. 하지만 인간의 욕망은 무한대로 확장할 수 있어 권력을 소유하게 되면 매우 이기적으로 그것을 이용할 수 있다. 사회적 관점에서 권력은 전체 구성원들이 자신의 힘을 특정 대상에게 양도한 것이다. 즉, 수많은 사람들의 힘이 나에게 모인 것이다. 이는 책임감을 가지고 전체를 위해 올바르게 써야 한다. 이기적으로 쓰일 경우, 나보다 권력이 약한 모든 이를 고통으로 빠트릴 것이고 자기 자신도 결국 고통스러워질 것이다.

염소와 사람, 박쥐의 날개가 함께 하는 이 악마는 바호메트로 불린다. 날개만 빼면 춤과 음악을 좋아하는 목양의 신, 판으로도 볼 수 있다. 염소는 정욕과 음란함을 상징하고 뿔은 풍요를 나타낸다. 역 오각별은 영의 물질화를 나타내 타락을 의미한다. 횃불은 생명력을 나타내는데 아래로 든 불은 일몰, 겨울을 나타내는 미트라교의 카우토파테스신의 상징과 동일하다.

벌거벗은 사람은 악마에게 완전히 복종된 상태를 나타내고 목의 쇠사슬은 악마에게 구속, 속박되어 있음을 보여준다.

기독교에서 악마는 원래 천사였다가 하나님에게 반역을 하려 해 영생과 영혼을 잃고 쫓겨난 존재이다. 그래서 인간이 가진 빛과 영혼, 구원의 힘을 갖고 싶어 한다. 이를 위해 물질적 풍요, 권력을 미끼로 인간을 유혹한다. 악마는 인간의 동의와 계약 없이 구속할 힘은 없다.

이 카드가 부정적으로 나타나는 이유는 인간이 물질적인 힘을 영혼의 힘으로 통제하고 제어해야 하는데 그렇지 못하는 경우가 많기 때문이다. 또한, 통제하고 제어한다는 것 자체가 존재의 분리와 억압을 전제하고 있다.

'마음으로 따르는 것이 아닌 나의 지위, 권력, 재력 때문에 내 말을 잘 듣는 자녀, 학생, 부하직원을 원하는가?' 상징적으로 그 순간 나는 악마가 되는 것이며 대상은 노예가 되는 것이다.

인간의 무한 욕망으로 지탱되는 자본주의 사회에서는 악마의 물질적인 힘과 그를 얻기 위한 노력, 자발적 복종은 권장되어지기도 한다. 일반적으로 규칙이나 룰을 잘 지킨다는 것은 그 체계 안에서 성과를 내고 높은 위치에 가고 싶다는 욕구와 비례하는 경우가 많다.

이 카드에서 주의할 점은 '외부적인 인정, 성공에만 집착하여 내면의 평온과 행복을 소홀히 하고 있지 않은가?'라는 점이다. 만약 내적으로 평온하고 행복한 상태에서 이 카드가 같이 나와 준다면 더할 나위 없이 좋을 것이다. 내면적 평화와 외적인 성공을 동시에 추구하니 말이다.

하지만 우리가 얼마나 외부적인 인정, 남들보다 뛰어나 성취를 거두기 위해 마음의 평화와 스스로의 행복을 무시하는 경우가 많은지 간과해서는 안될 것이다.

◆ 다양한 현실에서 The Devil의 적용 ◆

| 마음 상태 | 금전 운영 | 가정생활 | 연애 스타일 |
|---|---|---|---|
| 목적의식이 뚜렷하며, 주어진 역할에 충실하다. 확실한 결과나 보상이 없는 일에는 관심을 가지지 않을 수 있다. 규칙과 룰을 잘 지키고 이용한다. | 자신만의 규칙과 룰을 가지고 자금을 운용한다. 금전에 대한 목표가 뚜렷하여 수단과 방법을 가리지 않고 달성할 의지도 있다. 과도한 욕심으로 인해 큰 손실이 있을 수도 있다. | 가장의 뜻과 명령에 복종하며, 가장인 경우에는 수직적이고 권위주의적일 수 있다. | 그 사람을 얻기 위해 최선을 다한다. 하지만 정작 연애를 하고 나서는 자신의 틀 안에 상대를 구속하려 들 수 있다. 또는 사람을 만날 때 내 마음, 상대의 내면과 외면 등 여러 면을 살피고 연애를 하는 것이 아니라 특정한 부분만 보고 연애할 수 있다. |

| 업무 스타일 | 인간관계 | 일 | 상황(환경) |
|---|---|---|---|
| 시키는 일을 확실하게 처리한다. 확실한 가이드라인과 목표가 있는 것을 좋아한다. 일에 따른 확실한 실질적 보상이 보장되어야 한다. | 사회적인 인간관계는 좋을 수 있으나 사적으로 깊이 있게 마음을 터놓고 지내는 사람은 별로 없을 수 있다. | 수직적이고 관료적인 일이 잘 맞을 수 있다. 사회생활 능력이 좋아 개인보다는 조직에서 힘을 발휘할 수 있다. | 욕심에 홀려서 다른 중요한 것들을 놓치고 있는 상황일 수 있다. 자신을 객관적으로 점검할 필요가 있으나 그러기 굉장히 어렵다. |

# 16. The Tower

16번 타워는 강한 외부의 힘으로 인하여 내가 고집하거나 동일시했던 마음, 대상, 상태가 박살 나는 것을 나타낸다. 우리는 이때 이성을 잃고 분노하기도 하며, 해방감과 자유를 느끼기도 한다. 이 세상에 고정된 것은 없다. 에고의 고집은 영원히 유지될 수 없다.

탑은 개인의 노력으로 이루어낸 결과물들을 나타낸다. 또는 외부와 단절된 나만의 고립된 세계를 의미하기도 한다. 왕관을 쓴 사람들은 탑에 대한 통제권, 지배권을 가지고 있었음을 나타낸다. 번개는 자연의 강력한 힘, 신의 무기를 상징한다. 번개가 탑을 부수고 있음은 주변의 상황이 내가 통제하고 있는 영역을 부수는 것을 나타낸다. 번개나 불은 강력한 힘을 나타낸다. 그러한 힘이 필요할 정도로 탑의 견고함 또한 강하다.

일반적으로 타워가 나오면 예상치 못한 충격을 받는다. 창문도 없는 탑 안에서 주변의 변화를 살피기도 어렵고 주변과 함께하기도 어렵다. 또한, 번개라는 상징도 갑작스럽다는 의미가 있다. 이럴 때 일반적인 반응은 강렬한 저항 그리고 분노이다. 탑의 불은 그러한 반응을 나타내는 상징이다.

외부와 강력한 갈등을 겪는다. 열정과 에너지가 넘치기도 하지만 분노와 화가 넘쳐흐를 수도 있다. 또는 외부로부터 공격을 받는다는 느낌이 매우 강할 수도 있다. 그것에 의한 방어적인 태도나 반발이 있을 수도 있다.

안전하다고 생각하는 울타리가 공격받거나 파괴되었을 때의 반응이기도 하다. 일시적인 충격이면 상관없는데 이러한 마음 상태가 지속될 경우, 자기 파괴적인 양상으로 갈 수도 있기에 매우 깊은 주의가 필요하다.

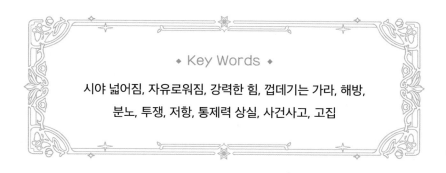

◆ Key Words ◆

시야 넓어짐, 자유로워짐, 강력한 힘, 껍데기는 가라, 해방,
분노, 투쟁, 저항, 통제력 상실, 사건사고, 고집

◆ 다양한 현실에서 The Tower의 적용 ◆

| 마음 상태 | 금전 운영 | 가정생활 | 연애 스타일 |
| --- | --- | --- | --- |
| 정열적이고 불굴의 의지를 가지고 있다. 자기가 원하는 것을 얻고 성취하고자 하는 욕구가 강하다. 다혈질적인 기질이 있을 수 있다. 꺾일지언정 굽히지 않는다. 경쟁에 강하며 지루한 것을 참지 못한다. | 극단적이다. 모을 때 온 힘을 다해 모을 수 있으나, 지출, 소비 등이 일어날 때도 크게 나갈 수 있다. 위험을 분산하려고 하지 않아 크게 잃을 수 있다. | 불안정하다. 소통과 교류의 부재나 혼자의 힘으로 모든 것을 해결하려는 태도는 좋지 않다. | 마음이 서로 잘 맞을 때는 엄청나게 열정적, 적극적으로 빠르게 발전하나 서로 마음이 안 맞는 경우에는 싸움이 크게 날 수 있다. 부드러움과 속도 조절 등이 필요하다. 관계에 있어 강압적이고 일방통행일 수 있다. |

| 업무 스타일 | 인간관계 | 일 | 상황(환경) |
|---|---|---|---|
| 할 때 하고 안 할 때 안 한다. 나의 일에 다른 사람이 간섭하는 것을 좋아하지 않고 자기 페이스대로 일하고 싶어 한다. | 인간관계가 좋으려면 자신의 관점, 욕심 등을 내려놓아야 하는데 그렇게 못한다. 별로 좋지 못할 가능성이 높다. 남을 탓하기보다는 유연하고 겸손해질 필요가 있다. | 불굴의 의지가 필요한 일로 운동선수, 군인, 경찰 등의 일과 잘 맞을 수 있다. | 갑작스러운 장애, 문제, 적 등이 나타날 수 있다. 이로 인해 진행해왔던 것들이 무너질 수 있다. |

# 17. The Star

17번 스타는 무한하고 넓은 하늘 속에서 하나의 점을 나타낸다. 이는 이 세상의 힘에서 나의 중심을 지킴을 말한다. '장'의 영향을 받지 않으며 강력하게 자신의 존재를 유지하고 알리려는 노력이다. 또는 나의 방향으로 '장'을 이끌고 가고자 하는 행위이다.

별은 불변하는 신의 뜻, 진리, 이상을 나타낸다. 하늘은 정신이나 영혼을, 별은 불변하는 정신적 지표를 상징한다. 우리 내면의 본질이 원하는 것을 추구하는 것은 곧 나의 가능성의 완전한 개화를 의미한다. 이는 이상적인 목표를 의미하고 그 목표는 우리를 이끈다. 나체의 여인은 진리, 무구함, 순결함을 상징한다. 또는 힌두신화에서 칼리 여신이 나타내는 자유로운 상태를 보여주기도 한다.

전체의 의지와 무관하게 나의 의지가 발현됨을 나타낸다. 나의 능력을 순수하게 100% 발현하는 상태를 의미하고, 개인적인 마음이 이타적으로 승화한다. 초연하게 상황에 반응하며 영향을 끼치나 영향을 받진 않는다.

나의 내면이 향하는 방향을 명확히 알고 그에 따라 행동한다. 그래서 자신의 생각이나 주관이 확고한 경우에 많이 나온다. 혼란은 없으며 명료하다. 당장 내 앞에 놓인 현실에 휘둘리지 않는다. 그의 눈과 마음은 광활한 하늘에 저 멀리 떠 있는 하나의 별처럼 마음의 한 지점을 향한다.

일반적으로 Star는 주변 상황이나 사람이 나를 돕거나 지지하지 않더라도 나의 방향을 뚜렷이 설정하고 그 방향으로 나아가려 함을 나타낸다. 여기서 남과 투쟁하거나 설득하는 과정을 거치려고 하지 않는다. 지지하고 도와주면 땡큐고 그렇지 않으면 무시하고 자신의 방향으로 나아간다. 그렇기에 현실과의 괴리가 나타날 수 있다.

### ✦ Key Words ✦

**이상적인, 뚜렷한 마음의 방향, 이타적인, 합리적인, 초연한, 개방적인, 색다른, 주관 있는, 비현실적인, 무관심한, 동떨어진, 헛된 꿈, 무미건조한, 냉정한**

### ✦ 다양한 현실에서 The Star의 적용 ✦

| 마음 상태 | 금전 운영 | 가정생활 | 연애 스타일 |
|---|---|---|---|
| 의도나 목적이 명료한 사람이다. 애매한 것을 좋아하지 않는다. 적극적이고 개방적이다. 자신의 마음을 솔직하게 드러내고 쿨하다. 무조건적인 희생, 복종을 하지 않는다. 이상적이기에 현실 감각이 약할 수 있다. | 돈을 쌓거나 모으는 것에 별로 관심이 없다. 자신의 이상, 뜻을 이루기 위해서 아낌없이 투자한다. 그가 원하는 것은 개인적인 욕심, 쾌락만을 채우는 것이 아니다. | 주변 사람이나 상황에 연연하지 않고 자신이 원하는 것을 추구하는 사람이기에 독립적이고 개인주의적이다. 가정이라는 것에 큰 의의를 두지 않는다. 서로 도울 수 있으면 돕는다. | 두루두루 친구가 많으나 한 사람만 집중해서 에너지를 쏟지 않는다. 상대를 위해서 희생한다는 것에 대한 관념이 약하다. 서로 원하는 것을 동시에 성취하는 것을 중요하게 생각한다. 동료, 친구 같은 연인을 원한다. |

| 업무 스타일 | 인간관계 | 일 | 상황(환경) |
|---|---|---|---|
| 이 일을 왜 해야 하는지 명확하게 이해하고 있는 경우, 온 힘을 다한다. 자신이 이 일을 왜 해야 하는지 모를 경우 하지 못한다. 업무와 자신의 방향이 일치하고자 한다. | 두루두루 넓고 친구가 많다. 주변에 도움을 줄 수 있으면 주저 없이 도움을 준다. 하지만 자신을 희생하진 않는다. 각자의 뜻을 펼치는 데 서로 도움이 되는 관계를 선호한다. | 독립적이고 이타적인 일을 선호한다. 전문, 기술직에 어울리고 수평적인 조직에 어울린다. | 명확하게 어떤 결과가 나고 있는 상황은 아니더라도 확고한 목표와 방향이 있는 상태이다. |

# 18. The Moon

18번 달은 모든 경계를 허물며 변화하게 만드는 '장'의 흐름을 나타낸다. 물질과 정신, 이성과 본능, 무의식과 의식, 내면과 외부, 에고와 신성의 경계를 허문다.

달의 모습이 사람의 옆모습과 초승달, 보름달 하나로 그려져 있다. 이는 시간에 따른 달의 변화를 2차원적으로 표현한 것이다. 눈을 감은 옆모습은 온전히 모든 면이 드러나지 않음을 나타낸다. 즉, 보이는 영역과 보이지 않는 영역에 걸쳐 있다. 길은 물과 평야와 산을 연결하고 있다. 경계를 허묾은 연결을 의미하기도 한다. 개와 늑대는 이성과 본성이 동시에 존재함을, 가재는 무의식과 의식의 경계를 넘나듦을, 2개의 탑은 지적으로 이해할 수 있는 영역과 할 수 없는 영역의 경계를 나타낸다.

달의 '장'에 놓이면 우리는 경계가 허물어지면서 매우 혼란스럽고 모호해진다. 에고는 구체적이고 명료한 것을 좋아한다. 특정 상황, 대상을 '나'와 동일시해서 그것을 지키려고 한다. 달에서는 그러한 경계가 허물어지기 때문에 불안하고 두려움이 증폭된다. 하지만 이를 통해 우리는 한계를 넘기도 하고 타인이나 신성과 합일되는 특별한 경험을 하기도 한다. 결코 기존의 앎으로는 이해할 수 없지만 말이다. 타고난 성질과 다양한 경험이 어우러져 섞이고 합쳐지는 과정일 수도 있고, 또는 주변의 다양한 영향을 직접적으로 받으면서 중심을 못 잡고 혼란스러워하는 상태일 수도 있다. 이럴 때 보통 두려움과 무기력이 나타날 수 있다. 보호받고 있고 안전하다는 느낌을 느끼게 해 주는 것이 무엇보다 중요하다.

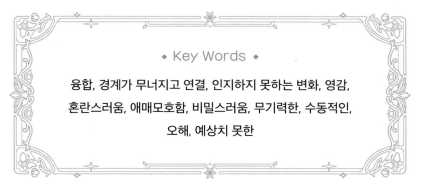

◆ Key Words ◆

융합, 경계가 무너지고 연결, 인지하지 못하는 변화, 영감,
혼란스러움, 애매모호함, 비밀스러움, 무기력한, 수동적인,
오해, 예상치 못한

◆ 다양한 현실에서 The Moon의 적용 ◆

| 마음 상태 | 금전 운영 | 가정생활 | 연애 스타일 |
|---|---|---|---|
| 예상치 못한 상황을 수용하는 포용력이 있고, 임기응변이 강하다. 이는 변덕스럽게 보일 수도 있고 모호한 태도로 혼란을 가중시킬 수도 있다. | 통제하기 어렵다. 수입, 지출 모두 다 정확하게 파악하고 조절하기 힘들다. 이는 운영 자체를 포기하게 만들 수 있다. 예상치 못한 곳에서 돈이 들어오거나 나갈 수 있다. | 가족들과 깊이 있게 연루될 수 있으나, 자신의 역할을 잘 수행하고 가족 구성원을 책임지고 관리하는 것과는 거리가 멀 수 있다. 서로 경계가 모호하여 도움과 피해를 쉽게 주고받을 수 있다. | 연애가 얼렁뚱땅, 예상치 못하게 시작되고 끝날 수 있다. 연애 도중에는 서로가 깊이 있게 연결될 소지가 있으며, 여러 가지 일들을 겪을 수 있다. |

| 업무 스타일 | 인간관계 | 일 | 상황(환경) |
|---|---|---|---|
| 주변의 분위기나 개인적인 컨디션이 일에 영향을 많이 끼칠 수 있다. 또한 일 처리가 일관적, 체계적이지 않고 즉흥적이고 복잡하게 얽혀 있을 수 있다. | 두루두루 친할 수 있고 쉽게 깊이 있게 친해질 수 있으나, 관계를 관리하거나 통제하는 힘이 너무 약하기에 좋게 될지 나쁘게 될지 알 수가 없다. 여러 인간관계가 꼬여서 복잡해질 수도 있다. 억지로 사람을 사귀려 하거나 끊어내려 하지 않는다. | 정신상담, 종교, 서비스 업종처럼 인간의 현실과 정신, 마음의 다양한 부분을 건드리고 충족시켜 줘야 하는 일들에 잘 맞을 수 있다. | 변수가 굉장히 많으며 여러 가지 예상치 못한 일들이 튀어 나올 수 있다. 명확하게 파악하기 힘들기에 두고 지켜보면서 상황이 진정되길 기다리는 것이 좋을 수 있다. |

# 19. The Sun

19번 태양은 모든 것이 있는 그대로 드러나게 만드는 '장'을 나타낸다. 안과 밖은 일치하며, 개체가 가진 생명력은 외부로 뿜어져 나온다. 그의 가능성은 현실화한다. 온전하게 신의 법칙이 현현한다.

태양의 빛과 열은 사방에 차별 없이 두루두루 비춘다. 어둠과 두려움은 사라진다. 아이는 순수함, 생명력을 상징한다. 흰색 말은 신성함, 순수함, 힘과 열정을 나타낸다. 깃발은 빛이 어둠에 승리하고 정복함을 뜻한다.

태양의 '장' 아래서는 모든 에너지가 활력을 띄고, 가능성을 개화한다. 순간과 현재에 존재하며, 나와 우리의 방향성이 일치하여 갈등과 고민이 없다.

순수하고 활력이 넘치는 상태이다. 또한 주변 환경과 적극적으로 상호작용하는 경우가 많다. 자신이 처한 상황을 안전하다고 느끼기에 마음과 생각을 솔직하게 표현할 수 있다.

타고나기에 천진난만 할 수도 있고, 또는 가정, 직장 등 자신을 둘러싼 상황에 매우 잘 적응하여 자신의 에너지를 십분 발휘하고 있는 중일 수도 있다.

### ◆ 다양한 현실에서 The Sun의 적용 ◆

| 마음 상태 | 금전 운영 | 가정생활 | 연애 스타일 |
|---|---|---|---|
| 밝고 활기차며 솔직하고 순수하다. 자기중심적일 수 있는데 이는 이기성에 근거하기보다는 자기 자신을 솔직하게 적극적으로 표현하고 드러내기 때문이다. 태양의 자기 중심성에는 숨은 의도가 존재하지 않는다. | 자신의 마음이 가는 대로 지출하고 소비한다. 계산하거나 아끼거나 하지 않는다. 하지만 마음이 가지 않는데 눈치 보며 어쩔 수 없이 소비하지는 않는다. 상황을 명료하게 보고 본질을 꿰뚫는 힘이 있어 투자나 수입에 변수가 크지 않다. | 밝고 활기찬 에너지를 불어 넣어 가족 구성원들에게 사랑받을 수 있다. 가장의 경우에 적극적으로 최선을 다해서 가정을 위한 활동을 할 수 있으며, 자녀와 벽이 없을 수 있다. | 마음이 가는 사람에게 최선을 다하고 솔직하다. 적극적이며 아이와 같이 자신의 마음을 표현한다. 밀당에 약할 수 있으나 그의 본심은 확실하기에 의심할 수 없다. |

| 업무 스타일 | 인간관계 | 일 | 상황(환경) |
|---|---|---|---|
| 마음이 가는 일에는 즐거운 마음으로 가진 힘을 다해서 할 수 있다. 협력할 경우에는 다른 사람에게 맞추기보다는 다른 사람이 이 사람에게 맞추게 된다. | 밝고 쾌활하며 솔직하기에 사람들이 좋아할 수 있다. 하지만 너무 순진하고 솔직하며, 자기중심적이라 불편하게 여기는 사람도 있을 수 있다. 대부분 좋은 관계로 지내고 빨리 친해지는 편이다. | 나의 마음이 가는 일을 해야 되기 때문에 즐겁고, 창조적인 일을 선호한다. 지루하고 반복적이며 피상적인 일을 좋아하지 않는다. | 안전하고 변수가 거의 없는 상황이다. 상황에 대한 이해가 높으며 내가 계획한 대로 일이 진행될 소지가 높다. 내 능력이나 힘을 마음껏 발휘해도 좋은 환경이다. |

# 20. Judgement

20번 최후의 심판은 거부할 수 없이 무조건 강력하게 따라야 하는 '장'이다. 이는 저항이나 비판을 허용하지 않는다. 그렇기에 갈등, 불만이 있을 수 없다.

에고의 관점에서는 이를 이해하기 어려운데, 에고는 모든 상황에서 '나'를 중심으로 두려는 경향이 있기 때문이다. 하지만, 삶이란 황제 카드처럼 '내'가 온전히 중심인 상황이 있을 수 있지만, 황제든 거지든 누구도 피할 수 없는 최후의 심판처럼 '내'가 전혀 중요하지도 영향을 끼치지도 못하는 상황이 있을 수 있다. 이때 우리는 반대나 저항을 떠올릴 수 없으며, 무조건 따르게 된다. 오히려 그에 따른 개운함이 나타난다.

하늘의 천사는 신의 뜻을 전하는 존재이다. 나팔은 신의 심판이 미치지 않는 곳이 없음을 그리고 매우 강력함을 나타낸다. 사람들은 석관 안에 있는 것으로 보아 죽었던 사람이다. 그 사람들이 일어나 손을 벌리고 심판을 받아들이고 있다. 거부하거나 고통스러워 하는 사람은 없다.

Judgement는 매우 단순하면서 강력한 마음 상태를 의미한다. 자신에게 주어진 상황에 온전히 집중한다. 심리적으로 혼란스럽지는 않다. 현재 상황에 온 힘을 다해 적응하고 있을 때, 또는 온전히 따르고 있을 때 나온다. 개인적인 욕망이나 욕구가 크지 않고 주변의 상황이나 환경의 방향에 충돌이

나 의심 없이 맞추는 마음 상태이다.

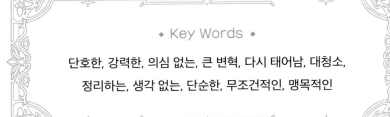

◆ Key Words ◆

단호한, 강력한, 의심 없는, 큰 변혁, 다시 태어남, 대청소,

정리하는, 생각 없는, 단순한, 무조건적인, 맹목적인

◆ 다양한 현실에서 Judgement의 적용 ◆

| 마음 상태 | 금전 운영 | 가정생활 | 연애 스타일 |
|---|---|---|---|
| 꼭 해야만 하는 상황이나 일이라면 불평불만을 하지 않고 최선을 다한다. 하지만 그런 강력한 상황이 아닌 경우에는 게으를 수 있다. | 안 쓰고 미친 듯이 모으거나, 한 곳에 미친 듯이 지출을 할 수 있다. 극단적인 수입, 지출 양상을 보인다. | 강력한 구심점이 있는 경우에 그 사람을 중심으로 똘똘 뭉칠 수 있다. | 애매모호한 관계를 별로 좋아하지 않으며, 마음이 가면 온 힘과 최선을 다한다. 다양하고 많은 사람과 시행착오를 하기보단 한 사람에게 몰입한다. |

| 업무 스타일 | 인간관계 | 일 | 상황(환경) |
|---|---|---|---|
| 마감 시간이 다가오거나 압박이 다가올 때 2~3배의 힘을 내서 일을 완수하는 타입이다. 알아서 하라고 맡기면 잘 못 할 가능성이 높다. | 인간관계를 넓히는 데 적극성이 없다. 특정 목적으로 그룹에 소속이 되어 있는 경우, 그 목적에 충실하기에 다른 사람들과 관계가 좋을 수 있다. | 군인, 경찰, 검사, 의사 등 삶과 죽음, 또는 굉장한 압박이 있는 업종을 잘 할 수 있다. | 큰 변화가 있는 상황이다. 내가 잘못 알아 왔던 것이 있으면 강력히 수정되는 시간이고, 특정 목표를 위해 노력을 해왔다면 결과가 나는 시간이다. |

# 21. The World

21번 세계 카드는 내가 안전하게 유지되고 존재할 수 있게 하는 근본적인 '장'이다. 0~20번의 모든 상황은 21번의 바탕에서 일어난다. 모든 그림이 하얀 캔버스 위에 그려지듯, 모든 컴퓨터 작업이 윈도우라는 운영체제 바탕에서 일어나듯이 말이다.

네 귀퉁이의 생명체는 세계의 근본 요소인 4원소를 상징한다. 세계를 그리기 위해 근본 요소 모두를 귀퉁이에 그려 놨다. 원은 완전한 도형이다. 세계는 모든 것을 포용하기에 그 요소들보다 완전하다. 가운데 여성은 지구를 상징하는 가이아, 데미테르 같은 여신의 존재에 가깝다.

이 '장'이 두드러지게 나타날 때 이를 인식하기는 어렵다. 이는 공기와 같다. 공기가 없으면 우리는 존재할 수 없다. 하지만 공기를 항상 매번 인식하고 살기는 어렵다. 어떤 이에게 "오늘 어땠어?"라고 물을 때 "별일 없었어."라고 말하면 그것은 진짜 아무 일도 없었다는 것이 아니다. 일상적으로 해왔던 것들은 다 했었다. 하지만 특별한 일은 없었다는 뜻이다. 이때는 우리가 나의 '세계'라는 '장' 속에 존재했다는 의미이다.

The World는 나에게 주어진 세상에 나를 잘 맞춰서 생활하고 있음을 나타낸다. 보통 큰 틀 안에서 일상을 잘 영위해 나가는 중일 때 나온다. 학생이라면 부모님의 자식으로, 학교에서는 학생으로 역할을 잘 수행하고 있고, 생활 속의 여러 부분이 안정적으로 굴러가고 있을 때 나온다.

아무래도 변화가 크지 않은 마음 상태이기에 새로운 도전의 설렘보다는 기존의 안전함, 편안함에 더 끌리는 마음 상태이기도 하다. 나의 세상이 유지되기를 고수하기 때문에 갑작스러운 변화나 혼란에 저항하는 마음 상태이기도 하다.

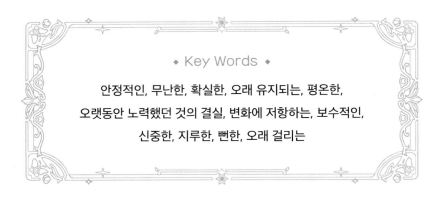

• Key Words •

안정적인, 무난한, 확실한, 오래 유지되는, 평온한,
오랫동안 노력했던 것의 결실, 변화에 저항하는, 보수적인,
신중한, 지루한, 뻔한, 오래 걸리는

◆ 다양한 현실에서 The World의 적용 ◆

| 마음 상태 | 금전 운영 | 가정생활 | 연애 스타일 |
|---|---|---|---|
| 작은 일에 허둥지둥하지 않는다. 안정적이고 꾸준하다. 자기 삶의 패턴을 유지하는 힘이 강하다. 이는 예상치 못한 것에 대한 거부감으로 나타난다. | 예측 가능하고 안정적으로 금전을 운영한다. 자기만의 스타일과 패턴이 있으며, 생활을 지속하는 데 어려움이 없다. | 가정에 대한 책임감이 강하고 안정적으로 가정생활을 영위한다. 가족 내에 확실한 체계와 위계질서가 있을 수 있다. | 쉽게 마음의 문을 열지 않으나 마음을 주면 길게 안정적으로 연애를 한다. 상대와의 연애에 너무 익숙해지고 당연해지는 것을 주의해야 한다. |

| 업무 스타일 | 인간관계 | 일 | 상황(환경) |
|---|---|---|---|
| 꾸준하고 안정적으로 업무를 처리한다. 일의 균일성을 중시한다. 확실하게 자기 일의 범위를 알고 싶어 한다. | 만남을 안정적으로 오래 지속한다. 새로운 사람을 쉽게 사귀거나 빠르게 마음을 열지는 못한다. | 공무원, 대기업 등 조직의 시스템과 체계가 잘 잡혀 있는 일을 좋아한다. | 주변의 환경이 안정적이다. 삶의 패턴과 체계가 잘 잡혀있다. 예상치 못한 일이 잘 발생하지 않는다. |

## 타로 실전

타로카드는 메이저 카드 22장만 가지고도 상담이 가능하다. 메이저는 소우주와 대응이 되기 때문에 메이저 카드만 활용한 상담 시에는 내담자의 마음에 더욱더 초점이 맞춰지게 된다. 마이너 카드 56장까지 차근차근 공부한 후에는 78장을 가지고 상담을 진행할 수 있다.

타로는 예체능과 같아서 한 번에 모든 걸 익히고 상담을 하겠다는 식으로는 능숙해질 수 없다. 내가 할 수 있는 만큼 실전을 통해 연습하면서 발전하는 것이다.

처음 상담할 때는 한 장만 뽑아서 하는 것이 좋다. 그림이 눈에 익숙해지면 3장을 뽑도록 한다. 상담에 대한 자세한 방법은 본 서적 250쪽에 나와 있다. 지금은 간단한 상담을 진행한다.

먼저 질문을 받는다. 너무 작거나 너무 큰 질문은 힘드니 대화를 나누며 적절한 크기로 조절하는 것이 좋다. 카드를 잘 섞은 뒤 질문을 생각하며 한 장을 뽑으라고 한다. 뽑은 카드를 보면서 아래와 같은 과정을 거쳐 본다.

◇ 그림의 느낌을 느낀다.
◇ 배웠던 것을 생각한다.

◇ 질문에 맞게 이야기해본다.

◇ 궁금한 게 있으면 상대방에게 물어본다.

◇ 대화를 나눈다.


이 과정에 대한 사례를 들어 보겠다.

**질문** 얼굴 알고 지낸 지 5년 정도 된 지인과 천천히 연애를 시작해보려 합니다. 어떨까요?

**카드 섞고 뽑기** I. The Magician

◇그림 느낌

당당하고 밝고 활기찬 느낌

◇배웠던 것

능수능란한, 이해력, 상황 파악, 적응력, 재치 있는, 눈치 빠른, 호기심, 쉽게 싫증 내는

◇질문에 맞게 이야기

The Magician 카드입니다. 현재 내담자님이 상황을 잘 파악하고 있기 때문에 내담자님이 가지고 있는 느낌이나 생각이 잘 맞을 것 같습니다. 생각하는 대로 잘 풀어가시면 될 것 같아요. 주의해야 하는 점은 The Magician은 참을성이 좀 약할 수 있습니다. 썸을 타면서 밀당을 하게 되면, 관계의 진도가 나갔다 멈췄다 할 것입니다. 그럴 때 너무 초조해 하거나 무리하지만 않으시면 별문제 없이 관계를 잘 풀어갈 수 있을 거라고 생각합니다.

# 마이너 카드
# 이야기

이제 마이너 카드를 공부할 차례이다. 들어가기 전에 알아 둬야 할 것은 메이저와 마이너는 공부 방법을 다르게 해야 더 효과적이라는 것이다. 그 이유는 메이저 카드는 소우주를 나타내고 마이너 카드는 대우주(메이저 카드는 주관, 마이너 카드는 객관)를 나타낸다는 근본 원리에 근거한다. 메이저 카드는 개개인의 주관적 체험을 나타내는 것이기에 한 장, 한 장을 깊이 있게 느끼는 것이 중요하다. 마이너 카드는 객관 세계를 나타내기에 시스템, 구조적으로 접근하는 것이 좋다.

이러한 이유뿐만 아니라 카드의 그림을 보기만 하더라도 확실하게 드러나는 것은 메이저 카드의 경우 한 장, 한 장이 모두 다르고 특징이 강하다. 하지만 마이너 카드의 경우에는 규칙이 확실하게 드러난다. 4종류의 카드들과 10개의 숫자들 그리고 4개의 인물들이라는 구조가 확실하게 드러나 있다. 그렇기에 마이너 카드를 공부할 때에는 전체적인 시스템, 구조의 관점으로 접근해야 한다.

메이저 카드도 전체적인 구조가 있는데 마이너 카드처럼 겉으로 확실하게 드러나 있지 않다. 메이저 카드의 구조를 파악하기 위해서는 타로 원리에 대해 깊이 있게 이해하고 있어야 한다. 타로카드가 충분히 숙련되기 전까지는 메이저 카드의 경우, 한 장, 한 장 이미지 상징을 공부하는 것이 더 좋다.

또한, 서양의 신비주의, 점술, 마법체계는 4원소를 근간에 두고 있다. 세계의 구성과 구조의 관점으로 마이너 카드를 공부하고 이해하게 되면 다른 서양 오컬트를 익히기 위한 충분한 기본기를 다질 수 있을 것이다.

■마이너 카드의 구조

마이너 카드는 크게 2개의 섹션으로 구성이 되어 있다.
❶ 4개의 슈트(Wands, Cups, Swords, Pentacles), ❷ 10개의 숫자 + 4명의 인물
그래서 4x14=56의 구조이다.

마이너 카드를 공부할 때는 한 장, 한 장에 대한 이해도 중요하지만 전체적인 관점에서 카드를 이해하는 것이 중요하다. 예를 들어 Three of Cups 같은 경우, 상징과 이미지로 접근을 한다면 식물의 과실이 이곳저곳 열려 있는 장소에서 여인 세 명이 컵을 높이 들고 한곳에 모여 있는 것을 알 수 있다. 각각 입고 있는 옷의 색깔은 흰색, 노란색, 빨간색의 3가지 색이다. 이는 주변의 환경이 풍요롭고, 호의적이며 그 안에서 서로 하나로 모여 조화를 이루고 있음을 보여준다.

구조적으로 접근하면 이 카드는 Cup + Three로 구성된다. Cup은 감정, 인간관계, 화합, 교류 등을 나타낸다. Three는 카발라에서 Bhina의 의미인 형상의 질서, 한곳으로 묶는 것, 완전함을 의미한다. 즉, 서로의 감정, 인간관계를 하나로 묶어서 전체를 이루는 것이다. 또한, 충만하고 흘러넘치는 감정을 나타낸다.

구조적으로 접근하든, 상징적으로 접근하던 카드의 의미는 같다. 하지만 학습의 효과와 효율을 높이기 위해서는 먼저 메이저 카드는 상징적으로 마이너 카드는 구조적으로 접근하는 것이 좋다.

### ◆ 4슈트와 4원소 ◆

마이너 카드를 구조적으로 접근할 때 가장 먼저 알아야 하는 것이 4슈트이다. Suit는 '벌'이라는 뜻으로 우리가 정장을 영어로 말할 때와 같은 단어이다. 위아래 한 '벌' 할 때의 '벌'이다. 즉, 마이너 카드는 '네 벌'로 되어 있다는 것이다. 각 '벌'들은 하나의 공통점이 있는 묶음이다.

마이너 카드는 대우주를 나타낸다. 마이너 카드의 한 장, 한 장은 대우주의 모습들이다. 그렇다면 마이너 카드를 구성하는 요소들은 대우주를 구성하는 요소와 상응해야 할 것이다. 서양 신비주의에서는 이 세상을 구성하는 근본 요소를 불(Fire), 물(Water), 대기(Air), 대지(Earth)의 4가지 상징물로 설명한다. 이 네 가지 상징물을 4원소라고 칭한다. 마이너 카드의 4슈트는 이 4원소와 대응한다. 다른 말로 4슈트 또한 이 세상을 구성한 4가지 요소의 상징물이라는 의미이다.

+ 첫 번째 요소 - 불(Fire), 나무 막대기(Wand)
+ 두 번째 요소 - 물(Water), 컵(Cup)
+ 세 번째 요소 - 대기(Air), 칼(Sword)
+ 네 번째 요소 - 대지(Earth), 오망성(Pentacle)

근본 4요소라는 것은 이 세상을 구성한 근본 질료이다. 즉, 이 세상은 근본 4요소로 구성된다는 것이다. 컴퓨터의 다양한 영상, 이미지, 글씨 등이 근본적으로는 0과 1로만 이루어져 있듯이 말이다. 이 세상의 다양한 물질, 힘, 정신 등은 근본 4요소로 이루어진다. 타로의 고민, 질문은 제한이 없다. 즉, 이 세상에 존재하는 모든 질문을 할 수 있다는 이야기이다. 그렇기에 이 세상의 구성요소와 구조인 근본 4요소를 안다는 것은 질문, 고민, 문제에 대한 요소와 구조를 안다는 것이다.

타로 상담을 할 때 내담자의 질문, 고민, 문제에 대해서 정확하게 파악하는

게 중요하다. 예를 들어 아파서 병원에 갔을 때 진단을 정확하게 해야 치료를 잘 할 수 있는 것과 같다. 근본 4요소는 지금 이 사람의 마음과 상황의 요소와 구조가 어떻게 되어있는지 정확하게 파악하도록 도와준다. 이를 통해 그 사람과 공감하게 도와주고 미래에 대한 유추, 문제 해결에 관한 단서를 제공한다.

'세계를 이루는 근본 4요소'라는 것은 굉장히 본질적, 추상적일 수밖에 없다. 그렇기에 한 번에 단순하게 딱 이해할 수 없다. 예를 들어 내가 미국이라는 나라에 대해서 안다고 하려면 미국에 대한 다양한 체험, 경험, 지식, 인간관계 등에 대한 이해가 아주 폭넓고 깊게 형성돼야 하듯이, 근본 4요소 또한 각 요소에 대한 다양한 경험, 지식, 고찰, 깨달음이 점진적으로 깊어져야 점점 더 잘 이해하게 된다. 우리는 이제 한 걸음을 떼는 것이다. 너무 조급하게 생각하지 말고 조금씩 나가다 보면 어느 순간 "아!" 하며 더욱 명료하게 느끼는 날이 있을 것이다.

이렇게 눈에 안 보이고 잡히지도 않는 요소를 눈에 보이는 요소로 이해하도록 도와주는 것이 상징이다. 근본 4요소에 대한 상징은 다양하며, 각 상징들은 모두 근본 4요소에 대해 이해할 수 있게 도와준다. 즉, 퍼즐의 조각들이라고 생각하면 된다. 각 상징들의 힌트를 모으다 보면 각 요소의 전체 그림이 그려질 것이다. 가장 많이 사용되고 기준이 되는 상징은 4원소 상징이다. 우리는 이 4원소로 '세계를 이루는 근본 4요소'를 이해하기 위한 여정을 시작할 것이다.

## · 4원소의 의미 ·

불과 나무 막대는 활력, 힘, 의지, 열정을 나타낸다. 뜨겁고 활활 타오르며 빛과 열을 사방으로 비추는 불의 느낌과 활력과 힘이 넘치고 열정과 의지가 뿜어져 나오는 느낌은 매우 유사하다.

물과 컵은 감정, 분위기, 마음 편함과 불편함을 나타낸다. 물에 쓰이는 동사들은 감정에 써도 전혀 어색하지 않다. '물이 흐른다, 젖는다, 빠진다.'와 '감정이 흐른다, 젖는다, 빠진다.'를 느껴보면 성질이 매우 유사하다는 것을 알 수 있다.

공기와 칼은 이성, 생각, 문제를 인식하고 해결하려는 작용, 의사소통 등을 나타낸다. 우리가 말하고 듣는 것은 공기를 매개로 한다. 또한, 공기는 언제나 우리와 함께하지만 항상 의식하긴 힘들다. 우리는 삶에서 일어나는 모든 것들을 말로 표현한다. 항상 생각하고 말하고 있으나 그 자체를 인식하기는 쉽지 않다. 이성적이고 냉철한 사람은 잘 벼려진 칼과 같은 느낌을 준다.

대지와 오망성은 물질, 결과, 오감, 현실 등을 나타낸다. 모든 물질은 땅에서 나며 땅으로 돌아간다. 구체적이며 오감으로 지각 가능한 것들이 물질이며 현실이다. 오망성은 4가지 원소가 어우러져 결과물로 나타난 것으로 현실 세계를 표현한다. 별의 각 꼭짓점은 4원소와 신성을 그리고 원은 완전함을 상징한다.

# 마이너
# Pip(숫자) 카드

각 숫자들 또한 상징적인 의미를 지니고 있다.

| Ace | 2 | 3 | 4 | 5 |
|---|---|---|---|---|
| 본질<br>순수<br>무한한 가능성 | 순수한 힘<br>본질적인 힘<br>역동성 | 순수한 형태<br>본질적인 형태 | 안전한<br>평화로운 | 충돌<br>격렬한 |

| 6 | 7 | 8 | 9 | 10 |
|---|---|---|---|---|
| 균형 잡힌<br>조화로운 | 도드라지는<br>독자적인 | 순응하는<br>규칙적인 | 넉넉한<br>충분한<br>짜여 있는 | 가득 찬<br>둘러싼 |

$$\star \; \star \; \star \; \bigstar \; \star \; \star \; \star$$

# Ace

 Ace는 각 슈트의 순수하고 본질적인 상태를 의미한다. Ace에서 중요한 점
은 이해하거나 통제할 수 없다는 것이다. 인간이 인위적으로 조작 가능하거
나 만들어낸 것이 아닌 원초적이며 근본적인 힘, 감정, 이성, 물질을 나타내
며, 이 세상의 뿌리와 연결되어 있다. 원래부터 존재해왔던 깊이와 내가 맞
닿게 되는 것이다.

 그림을 보면 공통적으로 흰색 손이 나온다. 여기서 구름은 땅과 하늘을 가
르는 경계를 나타내고, 구름에서 나온 손은 하늘에서 온 손으로 신의 손을
의미한다. 흰색은 신성, 신의 본연의 힘을 나타낸다. 그리고 Wands, Cups,
Swords에는 공통적으로 잎사귀들이 떨어지고 있다. 이는 히브리 알파벳 중
'요드'라는 글자이다. 하나님의 '손'이라는 의미로 권능을 나타낸다.

 우리가 Ace의 상태에 놓인다는 것은 그 상태를 통제하거나 다스리는 것이
아니다. 그 본질들이 우리를 다스리게 되는 것이다. 그 거대한 힘, 감정, 이
성, 감각을 우리가 통제하는 것이 아니라 그것들에 의해 휩싸이고 빠져들게
된다.

| Ace of Wands | Ace of Cups | Ace of Swords | Ace of Pentacles |
|---|---|---|---|
| - 본질적, 순수한 의지<br>- 순수 충동<br>- 활력과 에너지 상태가 매우 좋음, 자신감과 힘이 넘침 | - 본질적, 순수한 감정<br>- 신적 사랑, 자애<br>- 수용성이 매우 좋음, 공감, 자애, 용서의 마음이 바탕에 깔림 | - 본질적, 순수한 이성<br>- 순수 이성, 절대 이성<br>- 머리가 깨끗하고 맑음, 통찰력이 있는 상태 | - 본질적, 순수한 감각<br>- 자연 그대로<br>- 상황이 자연스럽게 형성됨, 나의 현실을 거부하거나 거스르지 않음 |

# Ace of Wands

Wands는 4원소 중 불과 대응되는 상징으로, 인간 내면에 존재하는 힘을 나타낸다. 이는 보통 생명력, 활력 등과 같은 우리의 의지와 열정을 상징한다. 또한 주변에 휘둘리지 않고 자신의 에너지를 발산한다는 의미에서 주체성과 직접적인 연관성을 갖는다. 에너지나 힘은 발산하는 성질을 가지고 있다. 그렇기에 힘과 에너지가 있는 사람은 행동으로 발산하게 되어 있다. 행동은 과거에 있을 수 없으며, 미래에 있을 수 없다. 오직 현재에 존재할 뿐이다. 그런 점에서 Wands는 현재에 집중하는 카드이기도 하다. 의지나 열정이라는 말은 과거를 되씹거나 미래를 계획하는 말이 아니다. 우리가 의지와 열정을 가지고 있다면 현재, 바로 지금 그 행동을 하려고 할 것이다. 자꾸 미루거나 과거를 회상하는 것은 의지, 열정과 상관이 없다.

Ace of Wands는 생명력, 활력이 가득 찬 상태로 우리의 마음은 매우 고양된 상태를 맞이한다. 이럴 때 우리는 용기가 가득하게 되고, 떠오르는 생각이나 느낌은 그 상태에 머무르지 않고 행동으로 드러나게 된다. 그러한 행동은 나의 깊숙한 내면의 생명력과 맞닿아 있기에 힘이 소진되기보다는 되레 힘이 샘솟게 된다. 이는 어떤 것에 열정이 있을 경우 그 행동을 하면 더욱더

신이 나고 힘이 솟는 것과 같은 이치이다.

---

◆ Key Words ◆

창조적, 영감을 주는 시작, 충동, 잠재력, 가능성, 의지, 힘,

열정, 역동성, 자발성, 모험, 흥분, 빠른, 대담한, 용기,

새로운 삶의 활력, 긍정적, 지나치게 강렬한

---

## ◆ 다양한 상황에서 Ace of Wands의 적용 ◆

| 마음 상태 | 상황 | 인간관계 | 일 |
|---|---|---|---|
| 즉각적으로 행동한다. 자발적이고 주도적이며, 결과를 걱정하기보다는 일단 부딪치고 보자는 마음이다. | 무언가 새로운 시작을 하거나 새로운 변화가 일어나며 에너지가 불어 넣어지는 상황이다. | 상대를 배려하기보다는 자신의 마음이 가는 대로 행동하고 관계를 맺는다. 관계를 관리하거나 유지하는 것에 큰 관심이 없다. 그 사람에 대해 내가 어떤 체험을 하느냐가 중요하다. | 지루하고 반복적인 일을 하지 않는다. 창조적이며 자신이 직접 움직이는 일을 한다. |

# Ace of Cups

Cups는 4원소 중 물과 대응되는 상징으로, 우리의 감정, 느낌, 주변과의 연결된 느낌(친밀감, 소속감 등)을 나타낸다. 우리는 보통 사람들과, 그리고 이 세상과 연결되기를 원한다. 단순히 물질적인 연결을 의미하는 것이 아닌 내면적 연결을 의미한다. 만약 그렇지 못한다면 우리의 마음은 메말라 버린 강이나 호수 같은 상태가 될 것이다. 또는 썩어버린 늪과 같이 될 것이다. 우리의 느낌은 세상이나 사람들과 얼마나 잘 연결되어 있는지를 나타내는 지표이다. 평온하고 따뜻하다면 우리는 주변과 잘 연결되어 있는 것이고, 불편하고 날카로우며, 폭풍우가 치는 것 같고, 차갑다면 우리는 잘 연결되어 있지 못한 것이다. 가슴이 콱 막힌 것 같은 느낌은 강이 흐르지 못하고 콱 막혀 썩고 있는 것과 같고, 뻥 뚫린 느낌은 물이 막힘 없이 흐르는 것과 같다.

Ace of Cups는 나의 마음이 열려 있음을 나타낸다. 주변의 어떠한 기운이 오더라도 나의 마음 안에서 평화롭게 녹아듦을 나타낸다. 그렇기에 평화의 비둘기가 상징으로 나오고 있다. 이러한 마음은 원망과 분노의 마음이 아닌 용서와 온유의 마음이다. 우리가 타인에 대해서 사랑과 자비를 갖고 인정과 용서를 할 때 우리는 연결될 것이고, 막혔던 마음은 서로 만나며 다시 흐르게 될 것이다.

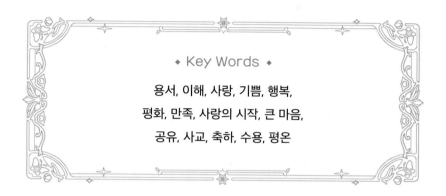

♦ Key Words ♦

용서, 이해, 사랑, 기쁨, 행복,

평화, 만족, 사랑의 시작, 큰 마음,

공유, 사교, 축하, 수용, 평온

◆ 다양한 상황에서 Ace of Cups의 적용 ◆

| 마음 상태 | 상황 | 인간관계 | 일 |
|---|---|---|---|
| 감수성이 풍부하고 순수하다. 공감 능력이 뛰어나다. 새로운 상황, 환경에 적응이 빠르다. | 갈등과 답답함이 해소되거나 새로운 분위기, 관계가 들어오는 상황이다. | 열린 마음으로 사람들과 친밀하게 지낸다. 사람들과 쉽게 깊이 있게 친해진다. 미리 판단해 벽을 세우지 않는다. | 예술적인 일, 사람들의 마음을 좋게 하는 일, 사람의 어려움을 도와주는 일이 잘 맞는다. |

# Ace of Swords

Swords는 4원소 중에서 공기와 대응되는 상징으로, 우리의 이성, 지적 작용, 생각을 나타낸다. 우리는 이 세상을 이해하고 파악하기를 원한다. 동물과 다른 인간의 작용 중 하나는 이러한 지적 작용일 것이다. 이러한 능력으로 우리는 만물의 영장이 되었으며, 만물을 파괴할 수도 있다. 양날의 검인 것이다. 또한 이성 작용이라는 것은 파악하고 이해하고 판단하는 능력을 의미한다. 이때 무엇을 파악하는가? 현재 상황을 있는 그대로 객관적으로 보는 것을 파악한다고 할 수 있다. 무엇을 이해한다고 하는가? 이 상황이 있게한 원인, 그리고 그러한 원인들이 이런 현상을 만든 과정과 법칙을 이해하는 것이다. 무엇을 판단하는가? 이 상황을 바꾸려면 어떠한 것이 필요할지에 대해서 판단하는 것이다.

Ace of Swords는 이러한 이성 작용의 본질로 올바르게 보는 것이다. 이 세상은 그 자체로 완벽하다. 만약 올바르게 본다면 이 세상의 완전성을 알게 될 것이다. 검에 왕관과 월계수 나뭇잎은 절대 지성의 완전성을 의미한다. 우리가 이 상태에 놓이면 나와 상황을 있는 그대로 보는 눈을 갖는 상태가 될 것이다. 이때 나의 마음 상태는 아주 깨끗한 거울처럼 이 세상을 있는 그대로 비출 것이다.

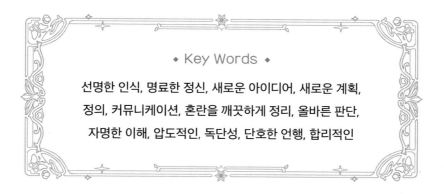

**• Key Words •**

선명한 인식, 명료한 정신, 새로운 아이디어, 새로운 계획,

정의, 커뮤니케이션, 혼란을 깨끗하게 정리, 올바른 판단,

자명한 이해, 압도적인, 독단성, 단호한 언행, 합리적인

**◆ 다양한 상황에서 Ace of Swords의 적용 ◆**

| 마음 상태 | 상황 | 인간관계 | 일 |
|---|---|---|---|
| 쿨하며 이성적, 합리적이다. 애매모호한 생각과 판단을 하지 않는다. | 명료하고 확실한 상황이다. 주변에 문제가 있더라도 정확히 인지한다. | 치우침이 없으며, 모든 사람과 잘 어울린다. 그러나 끌려다니진 않는다. | 일의 계획이 명료하고 잘 진행되고 있다. |

# Ace of Pentacles

Pentacles는 4원소 중에서 대지와 대응되는 상징으로, 우리의 육체적인 작용, 물질적인 인식 작용 등을 나타내며, 오감으로 지각 가능한 이 세상을 의미하기도 한다. 개개인의 내면은 파악하기 어렵지만, 물질적인 현상은 대다수의 사람이 동일하게 파악하고 인지한다. 어떤 의미에서 보면 이 물질세계가 가장 평등한 세계일지도 모른다. 하지만, 우리에게 이 물질이 차지하는 부분은 현대인이 생각하는 것보다는 훨씬 적을지도 모른다. 타로에서는 우리의 내면에 이 물질이 차지하는 비중은 25%밖에 되지 않는다고 말한다. 다른 슈트와는 다른 Pentacles만의 특징은 분리를 인식한다는 것이다. 활력, 감정, 생각은 분리돼서 존재할 수 없다. 우리가 감정과 생각을 교류하고 하나에 도달하려는 이유는 원래의 성질이 그러하기 때문이다. 하지만 물질세계는 분리되어 있다고 인식하여 그로 인해 내 것과 남의 것, 많고 적음 등이 나타나게 된다. 모든 인간이 같이 있는 동일한 출발선인 동시에 온갖 차별이 일어날 수 있는 곳이다.

Ace of Pentacles는 육체적이거나 물질적인 상태가 본질적으로 존재하는 것이다. 이는 자연의 이치대로 존재함을 나타낸다. 즉, 인위적인 조작이 아닌 타고난 본성 그대로 존재함을 나타낸다. 자연스럽게 자신의 위치에서 맡은 역할을 하며, 넘치지도 않고 부족하지도 않은 풍족한 상태에서 머문다. Ace는 모든 가능성이 뿜어져 나오는 씨앗으로도 볼 수 있다. 다른 Ace들은 그 씨앗이 근원이 깊숙한 곳에 숨겨져 있어 파악할 수 없다. 하지만 Ace of Pentacles는 인지가 가능하다. 그 이유는 Pentacles 자체가 오감으로 인지 가능한 요소이기 때문이다. 그렇기에 모든 현실적 결과가 이루어질 수 있는 가능성의 토대라는 의미가 나타날 수 있다.

이는 내가 새로운 결과물을 만들어 낼 수 있도록 준비물이 풍요롭게 준비되어 있는 상태를 나타낸다. 하지만 준비물의 준비가 곧 좋은 결과와 직결되지는 않는다.

일반적으로 Ace는 독립적으로 어떤 부분적인 결과를 불러오기보다는 전체적으로 각 슈트의 의미를 불어 넣는다. Ace of Wands가 나오면 활력이나 에너지가 매우 높아진다. Ace of Cups는 어울림과 친밀감, 편안함으로 휩싸인다. Ace of Swords는 명료함과 올바름이 전체적 흐름을 지탱한다. Ace of Pentacles는 풍요로움과 여유 있음, 준비됨의 기운이 감싸게 된다.

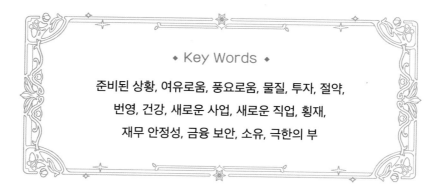

준비된 상황, 여유로움, 풍요로움, 물질, 투자, 절약,

번영, 건강, 새로운 사업, 새로운 직업, 횡재,

재무 안정성, 금융 보안, 소유, 극한의 부

◆ 다양한 상황에서 Ace of Pentacles의 적용 ◆

| 마음 상태 | 상황 | 인간관계 | 일 |
|---|---|---|---|
| 무리하거나 억지를 부리지 않고 주어진 환경에 순응하고 적응하며 이용한다. 현실적이지만 막혀있지는 않다. | 편안하고 무언가 하기에 좋은 상황이나 환경을 나타낸다. 여유 있고 풍요로운 환경이다. | 서로에게 도움이 되는 유익한 인간관계를 선호한다. 억지로 인간관계를 유지하거나 맺으려고 하지 않는다. | 정신적인 일보다는 현실적인 작업이 들어가는 일(건축, 조각, 생산직 등)을 한다. |

# Two

Two는 각 원소의 순수한 본질이 역동적으로 나타난다. 2는 짝수이지만, 타로에선 1이 둘로 쪼개지면서 발생하는 역동성에 초점을 둬야 한다. 움직이기 시작하면 발전 가능성은 무궁무진해진다. 현실 세계에서 움직임은 작용과 반작용, 음양처럼 양립하는 요소들 사이에서 발생한다.

마이너 카드를 보면 슈트를 인물이 손으로 들고 있는 경우가 있고, 그렇지 않은 경우가 있다. 4개의 슈트를 인물이 모두 들고 있는 숫자는 Two밖에 없다. 여기서 슈트는 우리 내면의 일정 부분을 나타내고, 인물은 우리 내면의 중심을 나타낸다. 즉, 슈트를 손에 쥐고 있는 것은 우리 내면의 중심과 그 슈트가 연결되어 있음을 나타낸다. 이는 내가 힘(Wands), 마음(Cups), 생각(Swords), 능력(Pentacles)의 주체가 된다는 것이다. 온전히 그 슈트와 하나되어 내면의 중심에서 체험한다는 의미이다.

| Two of Wands | Two of Cups | Two of Swords | Two of Pentacles |
|---|---|---|---|
| - 역동적인 의지<br>- 크고 새로운 도전<br>- 지구본<br>- 안 가본 영역, 새로운 도전, 시도 | - 역동적인 감정<br>- 깊은 감정의 교류<br>- 역동적이고 창조적인 내면의 합일 | - 역동적인 이성<br>- 균형 잡힌 사고<br>- 너무 쉽지도 너무 어렵지도 않은 문제에 우리는 사고가 매우 활성화됨 | - 역동적인 현실<br>- 전체적 변화를 통제<br>- 현실을 바꿔가고 만들어가는 노력과 힘 |

# Two of Wands

Two of Wands를 보면 지구본을 든 사람이 성 안에 서서 한 손에 막대를 들고 서 있다. 그 사람 뒤에는 막대가 성과 연결되어 있다. 이것을 보면, 이 사람은 자신이 성취한 힘, 의지에 대해서는 관심이 없다. 여태까지 이룩한 자신의 영역에 대해서 더 이상 관심이 없다. 새로운 세상, 새로운 도전에 마음이 가 있다. 백합과 장미가 그려진 곳 위에 막대가 위치하는 것을 보면 그 의지는 순수하다. 아직 그의 몸은 성 안에 머물지라도 그의 눈과 마음은 이미 갈 곳에 도착해 있다.

보통 새로운 시작이 일어날 때 나온다. 그 시작의 원인은 외부적인 조건의 작용에 의해 나타나는 것이 아니라 내 내면의 중심에서 발생한다. 아직 그 시작이 외부적으로 확실하게 드러나지 않았더라도 이 씨앗은 자라나 큰 나무를 이룰 것이다. 성 안에서 성 밖을 바라고 보고 있다는 것은 성장이나 발전에 대한 충동을 의미하기도 한다.

◆ Key Words ◆

힘, 야망, 열망, 다른 목표, 지루함, 만족스럽지 못함,

인생에 달성해야 할 더 큰 것들과 더 나은 것들에 대한 비전,

새로운 것을 원함, 모험의 유혹, 성공을 기대, 성장, 진보

◆ 다양한 상황에서 Two of Wands의 적용 ◆

| 마음 상태 | 상황 | 인간관계 | 일 |
|---|---|---|---|
| 발전하고 성장하고 싶어 하는 마음이 크고, 도전 정신과 추진력이 강하다. | 새로운 구상을 해야 하는 도전적인 상황의 초반이나 큰 변화를 주려는 상황이다. | 자신의 생각에 몰두하여 주변을 살피지 못한다. 열정적이다. | 일적으로 성장을 위한 이직, 투자, 도전을 하려는 상황일 수 있다. |

# Two of Cups

　　Two of Cups는 남녀가 손에 컵을 들고 서로의 컵을 바라보며 맞부딪치고 있다. 이는 감정이 서로 만나서 교류함을 나타낸다. 손에 들고 있다는 것은 과거, 미래, 외부적으로 영향을 받은 감정이 아닌 현재 살아있는 감정을 나타낸다. 컵 사이에서 나타나는 뱀 두 마리가 휘감으면서 올라가는 모습은 '카두케우스'라고 불리는 헤르메스의 지팡이이다. 이는 음과 양의 조화를 나타낸다. 또한, 사자와 날개는 활력과 에너지, 신성을 나타낸다. 서로의 감정이 매우 깊이 있게 교류하고 하나 됨을 나타내고 이로 인해 서로 완벽해지고 완성되는 것을 의미한다. 여기서 남녀는 육체적인 남녀를 의미하기보다는 서로 상호보완하며 완성을 이루는 대립쌍을 의미한다.

　　나를 둘러싼 상황이나 사람들과 매우 깊은 교류를 하고 있을 경우 나타난다. 이는 서로 하나 돼서 움직이는 상태로도 볼 수 있는데, 이심전심의 상태이기도 하다. 특정 대상과 그러한 마음 상태일 수도 있고, 전체적인 나의 삶과 그런 상태일 수도 있다. 우리는 주변과 하나 되고 서로 지지할 때 평화로움과 함께 용기와 힘이 생긴다.

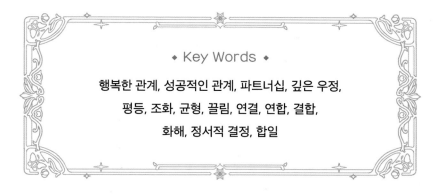

◆ Key Words ◆

행복한 관계, 성공적인 관계, 파트너십, 깊은 우정,
평등, 조화, 균형, 끌림, 연결, 연합, 결합,
화해, 정서적 결정, 합일

◆ 다양한 상황에서 Two of Cups의 적용 ◆

| 마음 상태 | 상황 | 인간관계 | 일 |
|---|---|---|---|
| 마음이 따뜻하고 차분하다. 허례허식을 좋아하지 않는다. 마음이 가는 것에 깊이 있게 몰두한다. | 큰 변화는 없으며, 현재 상황에 집중하고 몰두하기 좋다. | 깊이 있는 관계를 추구하며, 상대에 대한 깊은 관심이 있다. 넓고 얕은 관계보다는 좁더라도 깊은 관계를 선호한다. | 사람의 마음을 깊이 있게 공감해 주는 일(심리상담, 유아교육, 주부 등)이 잘 어울린다. |

# Two of Swords

Two of Swords는 한 사람이 눈을 가리고 양손에 검을 교차해 들고 앉아 있는 그림이 그려져 있다. 그 뒤에는 초승달이 있다. 지금 이 사람이 들고 있는 긴 칼 두 자루는 대등한 지적인 힘이 대칭을 이루고 있음을 나타낸다. 이 상황에서는 절묘한 균형이 이루어지며 지적인 힘이 극대화된다. 우리의 지적, 이성적 작용이 가장 활발할 때는 묻고 답하는 힘이 비등할 때이다. 두 사람이 토론을 한다고 치자 두 사람의 지적인 수준과 힘이 서로 비슷하지 않으면 격렬한 토론은 불가능하다. 그러면서 서로의 방향성은 달라야 한다. 이를 통해 우리는 더욱더 상황을 잘 파악하고 이해할 수 있으며, 더 나은 판단에 도달할 수도 있다. 뒤에 있는 초승달은 이러한 순간이 오래 유지 되지 않고 쉬이 지나갈 수 있음을 나타낸다.

상대와 나, 상황과 나, 또는 나의 내면들이 절묘한 균형을 이루고 있는 경우에 나온다. 서로의 대화는 공격적이지 않으며, 대화를 나누고 소통을 하며 점차 발전할 수 있다. 또는 갈라져 있던 생각이나 의견이 하나로 통합됨을 의미하기도 한다.

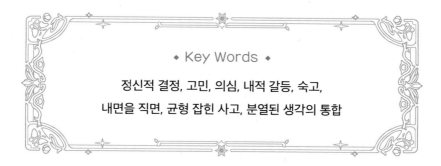

◆ Key Words ◆

정신적 결정, 고민, 의심, 내적 갈등, 숙고,
내면을 직면, 균형 잡힌 사고, 분열된 생각의 통합

◆ 다양한 상황에서 Two of Swords의 적용 ◆

| 마음 상태 | 상황 | 인간관계 | 일 |
|---|---|---|---|
| 생각이 깊고, 균형 잡혀 있다. 결정을 할 때 충분히 생각해 보고 결정을 하려 한다. 우유부단할 수 있다. | 새로운 일을 시작해야 하거나 여러 가지 길 중에서 선택을 해야 하는 상황이다. | 두루두루 친하다. 문제를 만들지 않으려고 노력한다. 특정 그룹에 속하지 않기에 박쥐처럼 보일 수 있다. | 웬만한 일은 잘 할 수 있으나 결정을 빨리빨리 해야 하고 추진력이 필요한 일에 취약할 수 있다. 다른 사람과 보조를 맞추거나 도와주는 일에 좀 더 탁월하다. |

# Two of Pentacles

Two of Pentacles는 큰 모자를 쓴 사람이 기우뚱한 자세로 두 개의 펜타클을 들고 있는 모습이다. 펜타클들은 녹색의 끈에 의해 무한대로 엮여 있다. 뒤의 바다는 파도가 크게 치고 있고 그 파도를 타고 배가 넘어가고 있다. 기우뚱한 자세와 손에 들고 있는 펜타클의 높낮이가 다른 것은 상황을 다루는 것이 녹록지 않음을 나타낸다. 무한대로 엮여 있는 것은 내가 다루고 있는 것이 세상의 법칙에 따라 움직인다는 것, 다루기 쉽지 않다는 것을 나타낸다. 어떻게 보면 우리가 세상을 내 뜻대로 다룬다는 것은 세상의 법칙과 하나 되어 움직일 때 겨우 가능한 것이기도 하다. 뛰어난 항해사나 선장은 파도의 흐름에 역행하지 않는다. Two of Pentacles도 이 세상의 흐름에 역행하지 않는다. 하지만 그 가운데에서 자신이 원하는 결과를 성취한다. 이는 주변 환경, 상황과 협업을 하는 것이고 그만큼 노련하다는 의미이기도 하다.

나의 뜻과 방향으로 현실을 움직이기 위해서 매우 노력하고 있을 때 나온다. 이러한 경우 보통 그 영역에 매우 뛰어난 능력이나 힘을 가지고 있고, 큰 흐름을 거스르지 않으며 운영하고 있음을 나타낸다.

## ◆ 다양한 상황에서 Two of Pentacles의 적용 ◆

| 마음 상태 | 상황 | 인간관계 | 일 |
|---|---|---|---|
| 쉽게 포기하지 않는다. 적극적이며 열정적이다. 적응 능력이 좋다. 상황을 크게 본다. 모두 잘하려고 해서 여유가 없을 수 있다. | 불안정하며, 변화가 지속적으로 일어나고 있다. 정신을 빠짝 차려야 하는 상황이다. | 두루두루 친하며, 사람 관리를 잘한다. 상황을 주도하려 한다. | 전체적인 부분을 총괄하는 일(PD, 기획, 팀장, 관리 등)에 적합하다. |

★ ★ ★ ★ ★ ★ ★ ★

# Three

Three는 각 슈트의 원형적인 형태와 모습을 나타낸다. Two가 본질적인 힘이었다면 Three는 본질적인 형태이다.

Ace ~ Three는 슈트의 본질, 본질적 힘, 본질적 형태로 순수한 근원을 나타낸다. Ace에서도 말했지만, 이때 우리는 슈트의 성질을 분리된 객체로 인지하지 않고, 나의 본질과 매우 가깝고 생생하게 인지한다. 우리는 그 상태들을 다루거나 컨트롤할 수 없으며, 그 상태에 휩싸여 존재한다.

Ace는 본질 그 자체이고, Two는 본질의 힘이다. 두 가지는 아직 안정적인 형태가 아니다. 그렇기에 형태를 가진 Pentacles조차 Two에서는 안정을 갖지 못한다. 형태는 Three에서 구현되어 전체적인 틀이 형성된다.

Three는 각 원소의 본연의 형태, 모습이 어떤지 보여준다. 또한 3이라는 숫자는 최초의 완결성, 안정성, 완전성을 의미하는 숫자이다. 그러한 상징으로 삼위일체, 과거·현재·미래, 삼세판, 천지인 등의 단어들이 있다.

또한 확실한 형태와 모양을 형성한다. 이로 인해 안정감이 생기고, 여럿이 한 점에서 모인다. 2가 형태 속에 숨겨진 본질이라면 3은 형태 그 자체이다. 그렇기에 부분과 전체의 모습으로 그려지며, 또한 온전한 형태이기에 분열이 없다.

Three of Wands에서 의지는 구체화되고, Three of Cups에서 감정은 안정적으로 흘러넘친다. Three of Swords에서 이성은 매우 강력히 구체화되어 거짓을 용납하지 않고, Three of Pentacles에서 현실은 구축되어 큰 틀 안에서 개개인은 역할을 부여받는다.

| Three of Wands | Three of Cups | Three of Swords | Three of Pentacles |
|---|---|---|---|
| - 확고한 의지<br>- 확실한 행동<br>- 확실한 방향성과 마음이 행동으로 드러남 | - 확실한 감정<br>- 확신 있는 감정의 교류<br>- 불안이나 두려움이 없이 매우 활발히 공감과 감정 교류가 일어남 | - 확고한 진리<br>- 절대적 사실, 진리<br>- 절대적 사실, 진리 앞에 개인의 의지나 감정은 무의미함 | - 부족함 없는 전체<br>- 하나 속에 여럿, 여럿이 힘을 합쳐 하나<br>- 이 세상은 부분이 모여 전체를 이루고 서로 톱니바퀴처럼 협력하며 굴러감 |

# Three of Wands

Three of Wands는 언덕에 서서 강 너머를 바라보고 있다. 이는 명료한 방향성을 나타낸다. 산 위에 꽂혀 있는 막대는 높은 의지를 보여준다. 뒤돌아 있음은 단호하고 망설이지 않는 마음을 나타내고, 나와 있는 손은 갑옷을 안에 입고 있는데, 이는 어려워도 실행한다는 것을 보여준다. 강의 색깔과 하늘의 색을 보면 해질녘으로 볼 수 있는데, 이는 상황이 도와주지 않아도 시작한다는 것을 나타낸다. 또한 기존의 흐름이 끝나감을 보여준다. 머리띠는 헌신과 집중을 의미한다.

그의 의지는 확고하고 강하다. 고민이나 갈등은 없다. 마음은 결정되었으며 행동은 시작된다. 의지가 형상을 이룬다는 것은 곧 행동으로 드러나게 된다는 것을 의미한다. 드러난 의지는 외부의 저항을 맞이할 수도 있지만 두려움보다는 의지가 앞선다. 상황의 유불리는 중요하지 않다. 기존의 흐름이 끝나가고 새로운 활력이 나의 삶에 다시 임한다.

◆ 다양한 상황에서 Three of Wands의 적용 ◆

| 마음 상태 | 상황 | 인간관계 | 일 |
|---|---|---|---|
| 기호가 뚜렷하다. 한 번에 하나에 집중을 한다. 행동이 즉각적이다. | 대체로 새로운 출발과 시작의 상황이다. 다양한 상황에서 카드가 나올 수 있으나 중요한 것은 상황에 휘둘리지 않고 자신의 의지대로 행한다는 것이다. | 자신의 마음을 즉각적이고 솔직하게 표현한다. 적극적일 수는 있으나 상대를 배려하기보다는 자신의 뜻과 의지를 펼치는 것을 더 중시한다. 밀당을 잘 못한다. | 탁상공론이나 이론적인 일을 싫어한다. 행동적이고 결과가 빨리 나오는 일을 선호한다. |

# Three of Cups

Three of Cups는 사람 셋이 컵을 높이 들고 춤을 추는 듯한 그림이 그려져 있다. 컵은 감정을 나타내는데 높이 들었다는 것은 기분이 고양되어 있고, 한 곳으로 컵을 모은다는 것은 한마음 한뜻으로 내면을 함께 하고 있다는 의미이다. 그들의 복장은 편안하며, 흰색과 빨간색은 순수한 의도와 열정을 나타내고 주황색은 즐거움과 쾌락을 나타낸다. 바닥의 과실들은 풍요로움을 상징하고, 호박은 달콤함과 호감을 나타낸다.

　서로의 감정이 녹아들어 하나가 되고 큰 흐름을 이루었다. 즐겁고 기분이 좋으며, 경계가 허물어지고 넘나든다. 관계의 토대가 마련이 되고 그 바탕에서 사람들의 춤은 시작된다. 이 카드의 상징을 보면 단순히 사람들의 마음만 잘 어울리는 것이 아니라 그런 상태가 유지될 수 있는 안정된 환경도 조성이 되어 있음을 알 수 있다.

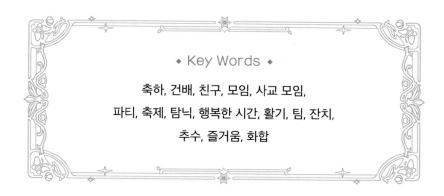

◆ Key Words ◆

축하, 건배, 친구, 모임, 사교 모임,
파티, 축제, 탐닉, 행복한 시간, 활기, 팀, 잔치,
추수, 즐거움, 화합

◆ 다양한 상황에서 Three of Cups의 적용 ◆

| 마음 상태 | 상황 | 인간관계 | 일 |
|---|---|---|---|
| 사람을 좋아하고 적극적으로 사람들과 어울린다. 밝고 쾌활하다. | 풍요롭고 편안한 환경 속에 있다. 주변 상황과 잘 어울린다. | 밝고 사교성이 좋으며, 다 같이 잘 어울린다. | 함께 즐거움을 추구하는 일(연예인, 유흥, 파티플래너, 웨딩플래너 등)이 잘 어울린다. |

# Three of Swords

Three of Swords의 심장은 개인 생명력의 중심, 감정의 중심을 상징한다. 검은 이성적, 합리적 정신 작용을 나타낸다. 형상화된 진리, 진실, 신의 법칙은 개인의 뜻으로 마음대로 다루거나 바꿀 수 없다. 신의 법칙, 진리와 우리의 의지, 뜻이 서로 맞부딪친다면 우리의 의지는 파괴될 것이다. 구름이 가득 낀 비 내리는 회색빛 하늘은 활력을 잃고 슬픔과 우울함에 빠져들 수 있음을 보여준다.

이 세상의 진리와 법칙은 개인의 취향이나 좋고 싫음과는 상관없다. 진리 앞에서 거짓은 존재할 수 없으며, 우리의 뜻도 그에 반해서는 존재할 수 없다. 그럴 때 우리는 절대 넘을 수 없는 벽 앞에 놓인 것 같고 좌절을 겪기도 한다. 결국 순응할 수밖에 없으며, 이럴 수밖에 없었다고 마음속 깊이 처절하게 깨닫게 된다. 어떤 이는 이때 큰 좌절감을 겪기도 하고, 어떤 이는 담담하게 자신의 한계를 받아들이고 새로운 길을 찾아 나서기도 한다.

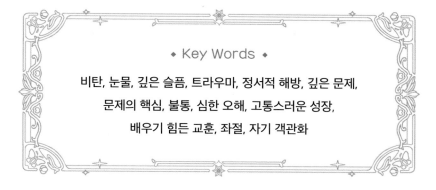

◆ Key Words ◆

비탄, 눈물, 깊은 슬픔, 트라우마, 정서적 해방, 깊은 문제,

문제의 핵심, 불통, 심한 오해, 고통스러운 성장,

배우기 힘든 교훈, 좌절, 자기 객관화

◆ 다양한 상황에서 Three of Swords의 적용 ◆

| 마음 상태 | 상황 | 인간관계 | 일 |
|---|---|---|---|
| 회의적이며 객관적이다. 자기객관화가 잘되나 자기비하로 흐를 수 있다. | 주변 상황이 내 뜻대로 되지 않고, 믿고 싶지 않으나 사실이다. | 폐쇄적이며, 시니컬하다. 인연에 회의적이다. 쉽게 마음을 열지 못한다. | 기계적으로 주어진 일을 해야 하는 상황이다. 개인의 자율 의지보다는 조직, 집단, 상황의 절대적 요구가 중시되고 순응해야 하는 일을 하게 될 수 있다. |

# Three of Pentacles

Three of Pentacles는 건물의 기둥에 세 개의 펜타클이 조각되어 있다. 그리고 그 건물을 세 사람이 만들어가고 있다. 우리를 둘러싸고 있는 환경, 그리고 그 환경을 만들어가는 우리를 볼 수 있다. 세 사람의 복장, 스타일이 다른 것은 각자 다른 역할이 있는 것을 나타낸다. 도면은 내 맘대로 움직이는 것이 아니라 큰 그림에 따라 행동하고 있음을 보여준다. Two에서는 전체를 나의 힘으로 움직이지만, Three에서는 내가 전체 속에 일부분이 되어 전체를 만들어 간다.

우리는 현실에서 항상 전체의 일부분이다. 그리고 그 안에서 자신의 위치와 역할을 맡고 있다. 완전히 독립적으로 존재하는 사람은 없다. 이 카드가 나올 때는 그러한 상황이 더욱더 확실하고 두드러진다. Three of Cups는 순수한 마음만으로 하나 될 수 있지만, Three of Pentacles에서는 각자의 역할과 능력으로 협력하며 하나를 만들어 낸다. 작은 톱니바퀴들이 서로의 자리에서 돌아가며 협력해 시계라는 전체를 구성하고 움직이듯이 말이다.

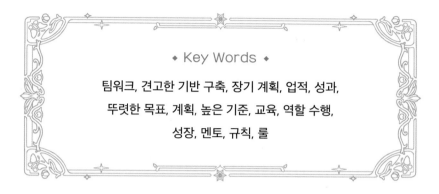

◆ Key Words ◆

팀워크, 견고한 기반 구축, 장기 계획, 업적, 성과,
뚜렷한 목표, 계획, 높은 기준, 교육, 역할 수행,
성장, 멘토, 규칙, 룰

◆ 다양한 상황에서 Three of Pentacles의 적용 ◆

| 마음 상태 | 상황 | 인간관계 | 일 |
|---|---|---|---|
| 자신의 역할과 위치에 책임을 진다. 체계적이다. 겸손하고 사회성이 좋다. | 혼자서 할 수 없는 일을 이루기 위해 여러 사람이 협동하는 상황이다. | 자기의 역할을 충실히 수행하고 다른 사람을 존중한다. 위, 아래가 확실하다. 공적인 관계를 잘해나갈 수 있다. | 체계적인 조직 생활을 잘한다. 시스템이 잘 잡혀있어 자신의 역할이 확실한 것을 좋아한다. |

★ ★ ★ ★ ★ ★ ★

# Four

Ace ~ Three는 본질적이고 절대적인 상태이다. 이는 내 안 깊이에 있는 본질이 순수하게 함께 하고 있는 상태이다. 이때 우리는 내면적으로 각 슈트의 영향에 휩싸여 있게 된다. 구체화되고 현현된 상태가 아닌 본질적인 상태이기 때문에 유지, 저항이라는 개념이 존재하지 않는다.

Four부터는 그 상태가 본격적으로 형성되고 드러나기 시작한다. 그로 인한 유지, 안정과 분열, 불안정들이 나타난다.

Four는 각 슈트가 확실히 자신의 영역을 확보하여 그 안에서 안정적으로 발현되고 있음을 보여준다. 그렇기에 Cups, Swords, Pentacles에서 사람들이 앉아있거나 누워 있는 것이다. Wands는 막대기로 아예 영역을 만든 뒤 그 안에 있도록 그려져 있다. 이는 상황이나 환경을 장악하고 있음을 보여준다.

Four는 각 원소가 평화롭고 안전하게 영향력을 발현한다. 그 이유는 대적하는 힘이 없기 때문이다. 또는 전체적인 힘과 나의 힘이 한 방향을 향하기 때문에 방해받지 않는다. 그로 인한 안전함과 편안함이 있다.

| Four of Wands | Four of Cups | Four of Swords | Four of Pentacles |
|---|---|---|---|
| - 안정된 의지의 발현<br>- 서로의 의지가 같은 방향을 향함, 하나의 의지로 묶임 | - 편안한 감정의 흐름<br>- 편안함과 익숙함이 너무 강해지면 새로움에 무관심해질 수 있음 | - 안전하고 문제없는 생각의 흐름<br>- 안전하지만 큰 발전 또한 없음 | - 확실하고 온전한 현실 통제<br>- 현실에서 안전하다는 것은 내 영역에 대한 통제권이 확실하고 강력함을 나타냄 |

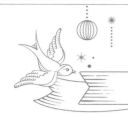

# Four of Wands

Four of Wands에서 의지는 서로 자연스럽게 연결되어 하나의 큰 의지를 이룬다. 막대는 모여 더 큰 막대를 이루고, 작은 불은 모여 더 큰 불이 된다. 그러한 합일에는 이질감이 없으며 더 큰 빛과 열을 뿜어낸다. 땅을 보면 매우 깨끗한데, 이는 안정된 기반을 나타낸다. 그 위에 막대는 안정적인 구조로 서 있으며, 서로 식물로 연결되어 있다. 이는 매우 자연스럽고 평화롭게 서로의 의지가 연결되어 있음을 보여준다. 뒤의 성은 큰 구조나 큰 계획을 나타내기도 하고 안전함을 보여주기도 한다. 꽃을 들고 있는 것은 즐겁고 이런 모습이 아름답다는 것을 나타낸다.

서로의 의지와 열정의 방향이 같다면 우리는 기쁨을 느끼고 함께하기를 바란다. 이는 자연스러운 현상이며 인위적으로 만들어지는 것이 아니다. 내가 마음속 깊이 좋아하고 열심히 하는 것이 있는데 같은 것을 많이 좋아하고 열심히 하는 사람을 만나면 우리는 자연스럽게 그것에 대해 마음을 나누게 되고 함께하고 싶어 한다. 그 둘의 각각의 열정은 하나로 합쳐져서 더욱 커지고 견고해질 것이다. 그리고 그 안에서 하나 될 것이다.

이런 경우가 삶 속에 얼마나 많은가? 스티브 잡스는 스티브 워즈니악을 만나게 되면서 그의 열정이 더욱 견고하고 크게 발현되었고, 존 레논은 폴 매트카니와 만나면서 비틀즈가 시작되었다.

우리는 살면서 우리의 생명력, 활력, 의지를 서로 높여줄 사람들을 만나게 되고 그 사람들과 어떻게 하느냐에 따라 사회적으로 큰일을 이루기도 하고, 그렇지 못하고 개인적인 만족으로 그치기도 한다.

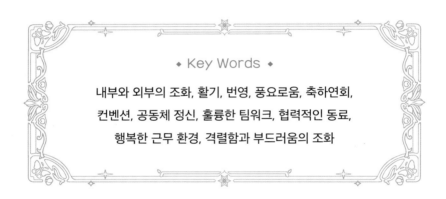

◆ Key Words ◆

내부와 외부의 조화, 활기, 번영, 풍요로움, 축하연회,
컨벤션, 공동체 정신, 훌륭한 팀워크, 협력적인 동료,
행복한 근무 환경, 격렬함과 부드러움의 조화

◆ 다양한 상황에서 Four of Wands의 적용 ◆

| 마음 상태 | 상황 | 인간관계 | 일 |
|---|---|---|---|
| 온화하고 밝으며, 개방적이다. 어떤 일을 할 때 함께 하는 것을 선호한다. | 안정된 환경과 상황이다. 사람들과 협력하고 원활하게 일이 진행되고 있다. | 사교성이 굉장히 좋고 상호 만족도가 높다. 같은 방향성, 흥미를 가진 사람들과 잘 어울린다. 사람들과 적극적으로 교류하고 활동한다. | 같이 일하는 사람들과 적극적으로 소통한다. 상호협력에 능하다. |

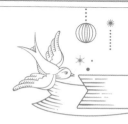

# Four of Cups

Four of Cups에는 컵들이 땅바닥에 놓여있다. 바닥에 놓인 컵은 지속되고 유지되는 감정을 나타낸다. 즉, 현재 생성되고 움직이는 감정이 아니라 과거에 생겨 현재까지 유지되고 있는 감정을 나타낸다. 잔디들은 이러한 감정이 자연스럽게 형성된 것을 나타내고, 뒤의 나무는 내가 그러한 감정의 영역에 의지함을 나타낸다. 구름의 손이 들고 있는 컵은 현재 새롭고 생생한 감정을 나타낸다. 이 사람의 시선이나 팔과 다리의 자세를 보면 새로운 감정이나 기운을 받아들이지 않고 자신 내면에 예전부터 유지되고 있는 감정의 영역 안에 머무르려 함을 알 수 있다.

물은 경계를 허물고 하나가 되는 성질이 있다. 물과 마찬가지로 감정도 경계를 허문다. 우리는 시간과 공간을 뛰어넘어 감정을 느낄 수 있다. 사랑하는 사람이 멀리 떨어져 있어도 그 사람을 생각하거나 통화를 하면 감정이 생생히 느껴진다. 또한, 과거의 강렬한 경험으로 인해 강한 감정을 느꼈다면, 그걸 떠올리거나 그 상황과 유사한 경험을 할 때 즉시 그 감정이 생생히 되살아난다. 이처럼 우리의 감정이란 현재 생생히 살아 있는 감정이 있고, 과거로부터 흐르고 있는 감정이 있다. Four of cups는 안정적으로 유지되는 감정 즉, 과거로부터 익숙하게 흐르는 감정을 나타낸다. 우리는 그럴 때 심리적으로 편안함과 안정감을 느낀다. 익숙한 친구와 과거의 이야기를 나눌 때, 항상 들르는 카페에서 편안히 앉아 생각에 잠길 때 등을 떠올려 보면 좋다.

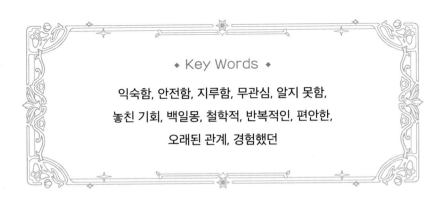

◆ Key Words ◆

익숙함, 안전함, 지루함, 무관심, 알지 못함,
놓친 기회, 백일몽, 철학적, 반복적인, 편안한,
오래된 관계, 경험했던

◆ 다양한 상황에서 Four of Cups의 적용 ◆

| 마음 상태 | 상황 | 인간관계 | 일 |
|---|---|---|---|
| 수동적이며, 편안한 상태를 유지하려 한다. 새로운 것에 적극적이지 않다. | 주변이 별로 변화가 없으며, 편안한 상태가 유지되고 있다. | 오래되고 편안한 인간관계를 선호한다. 한번 인연이 맺어지면 깊이 길게 간다. 새로운 인연에 대해 적극적이지 않다. | 관리직, 사무직 같이 안정적이고 반복적인 일을 선호한다. 낯선 변화, 새로운 사람과 만남 같은 임기응변이 필요한 일을 좋아하지 않는다. |

# Four of Swords

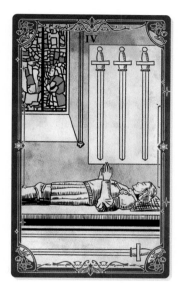

Four of Swords는 사람이 누워 있지만, 그의 몸은 황동빛이다. 그리고 그가 누워 있는 단상 또한 일반적인 침대나 소파로 볼 수 없다. 이는 동상을 나타낸다. 보통 동상은 어떤 이의 업적을 기리기 위해 만든다. 그의 칼 또한 함께 눕혀져 있다는 것은 그의 생각과 사상 또한 기려짐을 알 수 있다. 두 손을 모으고 있다는 것은 그의 생각과 이성이 더 큰 생각과 이성을 따르고 있음과 조화로운 상태임을 보여준다. 창문을 보면 스테인드글라스로 어떤 사람이 성자의 말씀을 듣고 있는 그림이 그려져 있다. 이를 보면 종교적인 건물로 보인다. 여기는 평화의 장소이다. 벽에 걸린 칼들도 별도의 영역에 안전히 보관되어 있다.

이 카드는 보호받고 평화롭게 뻗어 나가는 생각을 나타낸다. 이 장소에서는 칼들이 서로 부딪치는 것을 멈춘다. 나의 생각은 장해나 방해 없이 안정적으로 유지된다. 누워있다는 것과 건물 안이라는 것에서 한정된 영역이라는 것을 알 수 있다. 그 영역에서 벗어나서까지 평화로울지는 알 수 없다. 우리가 확실히 잘 알고 있거나 뛰어날 수 있는 영역의 주제에 대해서 이야기한다면 다른 사람들은 조용히 경청할 것이다. 이는 내가 확실히 이길 수 있는

안전한 영역에 위치함을 알 수 있다. 또는 부딪침 속에서 한 걸음 물러나 안
전하게 휴식을 취하는 것일 수도 있다.

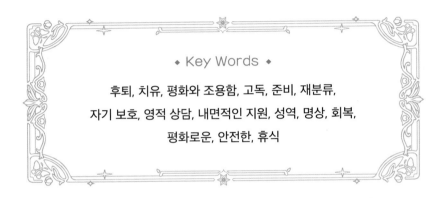

• Key Words •

후퇴, 치유, 평화와 조용함, 고독, 준비, 재분류,
자기 보호, 영적 상담, 내면적인 지원, 성역, 명상, 회복,
평화로운, 안전한, 휴식

◆ 다양한 상황에서 Four of Swords의 적용 ◆

| 마음 상태 | 상황 | 인간관계 | 일 |
|---|---|---|---|
| 무리하지 않으며, 논쟁이 일어나면 안전한 영역에서 움직이지 않는다. 투쟁, 격렬함을 좋아하지 않는다. | 적절한 일이 반복되는 상황이다. 안전한 환경에 속해 있으며, 무리를 할 만한 일이 일어나지 않는다. | 두루 좋으나 적극적으로 관계를 주도하지 않는다. | 내가 잘할 수 있는 일이 안정적으로 진행되는 상황이다. |

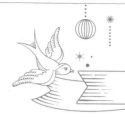

# Four of Pentacles

Four of Pentacles에서 왕관은 자신에 영역에 대한 확실한 지배권을 나타낸다. 4개의 펜타클을 머리에 이고, 품에 안고, 두 발로 밟고 있다. 이는 확실하게 자신의 것으로 만들고 지키고 있음을 보여준다. 자주색 옷은 권위를 나타내고 검은 옷으로 테두리를 두른 것은 자신의 역량을 밖으로 내비치지 않는 것을 나타낸다. 또한 내 영역과 타인의 영역에 대한 경계가 매우 확실함을 보여준다. 뒤의 성들은 이 사람을 둘러싼 환경이 굳건하고 서로의 경계가 확실히 나뉘어 있음을 보여준다.

펜타클은 눈에 보이는 물질세계이다. 여기서 자기 영역을 확보한다는 것은 현실적인 힘을 소유한다는 것을 의미한다. 확실한 자기 영역에서는 안전하다. 또한 그러한 힘과 영역은 하루아침에 형성되는 것이 아니다. 확실한 목표 의식과 지속적인 노력으로 인하여 느리지만 확실하게 조금씩 축적되는 것이다. 이는 과욕을 나타내는 카드가 아니다. 오히려 자신의 명확한 한계를 인지하고 그 안에서 신중하지만 확실하게 행동하는 것을 나타낸다. 영토의 크기는 클 수도 있고 작을 수도 있다. 크기에 상관없이 자신의 영역을 확실히 장악하고 굳건하게 지키고 있다. 불가능한 것은 하지 않으며, 시도한 것은 성취하고 만다.

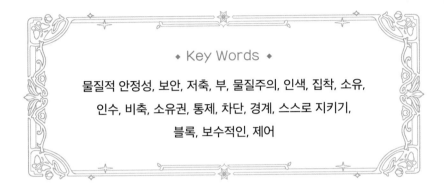

◆ Key Words ◆

물질적 안정성, 보안, 저축, 부, 물질주의, 인색, 집착, 소유,
인수, 비축, 소유권, 통제, 차단, 경계, 스스로 지키기,
블록, 보수적인, 제어

◆ 다양한 상황에서 Four of Pentacles의 적용 ◆

| 마음 상태 | 상황 | 인간관계 | 일 |
|---|---|---|---|
| 매사 신중하고 조심스럽다. 달성하고자 하는 확실한 목표가 있다. | 안정적이며, 확실한 나만의 영역이 구축되어 있는 상황이다. 불안한 상황, 나를 위협하는 것들이 존재하는 상황 자체를 용납하지 않는다. | 자기 사람과 아닌 사람에 대한 구분이 확실하다. 조심스럽다. | 확실한 결과가 나는 일을 선호한다. 일의 통제권을 내가 쥐고 있어야 한다. |

★ ★ ★ ★ ★ ★ ★ ★

# Five

Five에서는 분리가 발생한다. 그로 인해 투쟁, 분열, 고립, 소외가 일어나게 된다. 자신의 영역을 확실히 점유한다는 것은 외부적인 경계를 만들어내고 필연적으로 분리가 나타난다. 분리된 영역끼리는 자신의 영역을 지키기 위해 외부적으론 배타적으로 될 수밖에 없다.

우리가 Five의 상태에 놓이게 되면 이러한 분리, 충돌을 경험하기 때문에 불편함과 고통을 느끼게 된다.

양적인 원소 Wands, Swords는 서로 충돌하고 음적인 원소 Cups, Pentacles는 소외되고 배척된다.

| Five of Wands | Five of Cups | Five of Swords | Five of Pentacles |
|---|---|---|---|
| - 의지의 충돌, 격렬한 힘<br>- 의지는 순수하게 개인적인 것이며, 충돌은 격렬함 | - 감정의 단절, 고립<br>- 감정은 하나 되고 흐르는 것이 본성으로 고립이나 단절은 매우 고통을 줌 | - 생각의 충돌, 옳고 그름의 명확한 분별<br>- 참과 거짓의 충돌에서 거짓은 살아남지 못함 | - 현실적인 격차, 드러난 확실한 차이, 비교<br>- 물질의 충돌에서 작은 것은 큰 것을, 덜 견고한 것은 더 견고한 것을 이길 수 없음 |

# Five of Wands

Five of Wands에 각 사람은 다른 색상의 튜닉, 레깅스 및 신발을 신고 있다. 빨간색은 에너지와 열정을 나타내고, 올리브 녹색은 외교를 상징한다. 파란색은 지혜의 색이고, 옅은 노란색은 에너지를, 튜닉의 원은 자아와 완전성을 나타낸다. 이는 서로의 성질이 다름을 나타낸다. 각자 막대를 쥐고 있다는 것은 서로 다른 각자의 의지가 모두 드러나고 발현됨을 나타낸다. 레깅스는 각자의 스탠스가 명료하게 드러남을 보여준다. 막대가 바닥에 닿지 않고 있는데 이는 열정과 의지의 발현이 매우 불안정하고 역동적임을 나타낸다.

서로의 의지가 충돌한다. 4원소 중에서 불의 원소는 가장 순수하고 본질적인 원소이다. 이는 인위적으로 만들거나 유지될 수 없음을 나타낸다. 우리가 어떤 사람에게 풍요로운 물질적 지원과 올바른 정보, 따뜻한 공감, 사랑을 줄 수는 있지만, 그 사람이 열정이나 의지를 가지게 할 수는 없다. 그것은 스스로 내면에서 불타오르는 것이기 때문이다. Five에서는 그 개별적이며 개인적인 의지가 겉으로 드러나며 불타오른다. 이때 우리는 개성, 독립성이 매우 강하게 발현된다. 여기에서 상대의 의지를 존중하며 균형을 이룰 것인가? 아니면 힘으로 눌러 제압하거나 제압당할 것인가? 이는 각자 스스로가 택할 방향이다.

## ◆ Key Words ◆

갈등, 혼돈, 소란, 무질서, 방해, 투쟁, 생각할 시간 없음,
반대, 경쟁, 전투, 쟁탈전, 충돌, 싸움, 불일치, 조화 부족, 공격적,
아드레날린, 분쟁, 소송, 선명한 개성, 다른 방향성, 격렬

## ◆ 다양한 상황에서 Five of Wands의 적용 ◆

| 마음 상태 | 상황 | 인간관계 | 일 |
|---|---|---|---|
| 저돌적이고, 투쟁적이다. 자신의 의지를 적극적으로 표출한다. | 투쟁, 갈등, 격동의 상황이다. 불안정하고 변화가 격렬히 일어나고 있다. | 상대를 배려하기보다는, 자신의 의지표출이 우선하기에 원활하고 매끄럽지 못하다. 힘으로 상대를 장악하려 하기에 충돌이 일어날 수 있다. | 경쟁이 자주 있는 환경에 적합하다. 운동선수나 짧은 프로젝트 단위로 일을 진행하는 홍보, 마케팅 등에 어울린다. 다른 사람의 명령을 받거나 지루한 일을 하기 힘들다. |

# Five of Cups

　Five of Cups의 쓰러진 컵은 깨진 마음이나 교류되지 못하는 마음, 소외된 감정, 흩어진 관계 등을 나타낸다. 뒤의 컵 2개는 온전히 유지되고 흐르고 있는 감정과 관계를 나타낸다. 검은 망토를 뒤집어쓴 사람이 고개를 쓰러진 컵 쪽으로 푹 숙이고 있다. 이는 소외되고 단절된 마음에 집중하고 있음을 보여준다. 옷은 나를 보호하거나 표현하는 기능이 있다. 여기서는 외부와 단절되고 자신을 감추는 것으로 나타낸다. 뒤의 성은 나를 보호하는 영역을 나타내고 다리는 주변과 고립되지 않고 연결되어 있음을 나타낸다.

　물은 서로 합쳐지고 흐르는 것이 본래의 성질이다. Five에서의 분리와 단절은 물의 성질과 완전히 상반되는 상태이다. 이로 인한 상처와 고통은 매우 크게 일어날 수 있고 그 상태에서 빠져나오지 못할 수 있다. 믿었던 사람에 대한 배신감이나 실망, 기대했던 일의 좌절 등이 우리의 내면에 얼마나 큰 상처를 주는지 생각해 보면 될 것이다. 하지만 그러한 상태에서 빠져나오는 길은 얼마든지 있으며, 내 주위에는 나를 사랑하고 지지하는 사람이 존재한다. 비록, 그 상태에서는 그러한 길이나 방향이 잘 보이지 않더라도 말이다.

## ◆ Key Words ◆

상실, 슬픔, 절망, 애도, 상심, 위로할 수 없음, 실연,

고통스러운 시간, 후회, 상실에 집중, 수축, 고립, 소외,

모두 손실되진 않음, 실망, 늪에 빠짐

## ◆ 다양한 상황에서 Five of Cups의 적용 ◆

| 마음 상태 | 상황 | 인간관계 | 일 |
|---|---|---|---|
| 예민하며, 부정적인 감정을 잘 느끼고 쉽게 빠져나오지 못한다. | 불편하고 낯선 환경에 홀로 떨어져 있거나, 우울하고 실망스러운 상황일 수 있다. | 믿었던 사람과의 관계가 깨지거나, 주변 사람들과 교류를 못 하고 혼자 고립되어 있는 상태이다. | 일에 집중할 수 없고, 컨디션이 좋지 않다. 감정 소모가 극심한 일(텔레마케팅, 간호사, 서비스센터 등)을 하고 있을 수 있다. |

# Five of Swords

Five of Swords의 칼 2개는 바닥에 던져져 있고 칼 3개는 한 사람이 들고 있다. 밑에 있는 2개의 칼은 더 이상 유지할 수 없는 의견, 생각을 의미한다. 유추를 해보면 세 사람의 칼(생각들)이 부딪쳐서 한 사람이 승리하고 두 사람은 패배하여 그 영역에 머물지 못하는 것을 보여준다. 즉, 부딪침이 일어나고 승패가 명확하게 갈린 상황을 보여준다. 하늘의 흩어져 있는 구름은 강렬하고 빠른 공기의 흐름을 시각적으로 보여준다. 이러한 과정이 매우 빠르게 진행됐음을 나타낸다. 이성의 작용은 애매하지 않고 느리지 않다. 날카롭고 빠르다. 그들이 디디고 있는 땅에는 물이 접근하지 못한다. 이는 감정의 영향을 받고 있지 않음을 나타낸다.

우리의 내면에서 격렬한 작용이 있는 두 부분을 고르라고 한다면 단연 감정과 생각(이성 작용)일 것이다. 우리는 타인과 세상과 연결되어 있다. 그러한 연결은 감정과 생각을 통해 이루어지며, 감정과 생각으로 이러한 연결성은 인식된다. 이러한 연결이 끊기고 단절된 것이 Five이다. 그런데 둘의 양상은 매우 다르다. Cups는 받아들이지 못하고 놓지 못해 끊어진 것에 집착하며 빠져들게 되고, Swords는 매우 쿨하게 인정하고 돌아선다. 참 앞에 거짓은 존재하지 못한다.

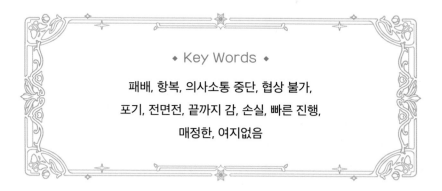

◆ Key Words ◆

패배, 항복, 의사소통 중단, 협상 불가,

포기, 전면전, 끝까지 감, 손실, 빠른 진행,

매정한, 여지없음

◆ 다양한 상황에서 Five of Swords의 적용 ◆

| 마음 상태 | 상황 | 인간관계 | 일 |
|---|---|---|---|
| 쿨하고 깔끔하다. 애매모호한 것을 싫어한다. 솔직하게 자신의 생각과 의견을 이야기한다. | 승패가 확실하게 갈린 상황이다. 빠른 판단과 대처가 필요한 상황이다. | 잘못되고 틀렸다고 생각하면 시시비비를 꼭 가리려고 한다. 인간관계는 되도록 부딪침 없이 적당 거리에서 좋게 넘어가는 것이 낫다. 그러나 Five of Swords는 그것을 잘 못할 수 있다. | 일의 진행이 전환되는 시기이다. 일의 진행이 크게 수정되거나 엎어질 수 있다. 경매, 중계, 영업 등 승패가 갈리는 일을 할 수 있다. |

# Five of Pentacles

Five of Pentacles에서 펜타클은 건물의 창문에 스테인드글라스로 나타나 있다. 이는 현실, 물질적인 영역, 요소가 건물로 나타나 있다는 것이다. 하지만 사람들은 그 건물 안에 있는 것이 아니라 건물 밖에 있다. 철저히 소외된 상태로 존재하고 있다. 거기에 눈이 내리고 눈길을 걷고 있다는 것은 보호받지 못하고 있다는 것을 극대화해 보여준다. 두 사람의 복장 또한 비루하며 한 사람은 몸이 불편하기까지 하다.

현실, 물질에서 분리의 상태는 철저한 소외로 나타나게 된다. 우리가 우리를 둘러싼 현실과 분리된다고 생각해보면 될 것이다. 집, 직장, 사회 등 현실적으로 우리를 둘러싼 영역이 있다. Five of Pentacles에서는 그러한 영역들과의 분리가 일어나고 이로 인한 폐해를 굉장히 강렬하게 그려놓았다. 이럴 때 우리는 어떻게 해서든 주변과 연결되려는 노력을 해야 한다. 고립을 지속할수록 유지는 힘들어진다.

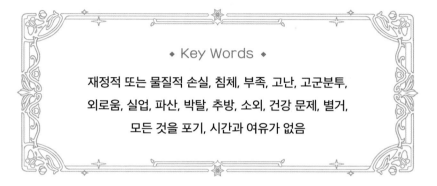

♦ Key Words ♦

재정적 또는 물질적 손실, 침체, 부족, 고난, 고군분투,
외로움, 실업, 파산, 박탈, 추방, 소외, 건강 문제, 별거,
모든 것을 포기, 시간과 여유가 없음

♦ 다양한 상황에서 Five of Pentacles의 적용 ♦

| 마음 상태 | 상황 | 인간관계 | 일 |
|---|---|---|---|
| 걱정이 많고 소심하다. 신중하고 자신감이 없다. | 결과가 나지 않고, 여유가 없는 상황이다. 시야가 굉장히 좁아져 있는 상태이다. | 마음에 여유가 없어서 사람들과 편하게 지내지 못한다. 자신감이 없으며, 방어적이다. | 장기적인 플랜을 세울 수 없다. 일에 결과가 나지 않고 있다. |

# Six

Six는 슈트들이 매우 균형 잡히고 조화로운 상태를 나타내며, 그렇게 함으로 가장 아름다운 모습을 보여준다. 이는 정적인 상태가 아니라 그 순간순간 가장 조화로운 상태를 유지한다는 것에 가깝다. 이 세상은 멈춰있지 않다. 항상 변하고 움직인다. 그러한 세상에서 가장 조화로운 상태라는 것은 그 순간 가장 조화로운 것을 의미한다. 여기서 분열되고 치우쳤던 것들은 합일되고 균형을 잡는다. 위, 아래와 좌, 우는 균형을 잡는다.

Six 카드들의 그림을 보면 위, 아래 / 좌, 우가 균형 잡혀있는 것을 볼 수 있다. Wands는 말 위에 있는 사람이 말 밑에 있는 사람들과 좌에서 우로 이동 중이다. Swords는 서 있는 사람이 앉아 있는 사람과 배를 타고 좌측 아래에서 우측 위쪽으로 이동 중이다. Cups는 좌측에 있는 사람이 우측 아래를 바라보며 우측 아래에 있는 사람에게 컵을 전달하고 있다. Pentacles는 중앙에 서 있는 사람이 위에서 균형을 상징하는 저울을 들고 아래의 사람에게 동전을 주고 있다.

| Six of Wands | Six of Cups | Six of Swords | Six of Pentacles |
|---|---|---|---|
| - 조화로운 의지<br>- 정당하고 강력한 의지<br>- 의지의 조화는 얼마나 더 강력한가이며, 의지의 강력함은 개인이 만들어 내는 것이 아닌 주어지는 것임 | - 순수하고 깊이 있는 감정<br>- 강렬한 감정의 전달<br>- 강렬한 감정은 깊이 있는 감정임. 그것은 상대에게 모든 것을 던지고 빠져드는 마음임 | - 균형 잡히고 조화로운 이성<br>- 합리적인 이해<br>- 이성과 이해는 고집하거나 머무르지 않음. 혼란과 문제의 바다에 허우적대거나 빠지지 않게 해줌 | - 균형잡힌 물질<br>- 적절한 분배<br>- 자연의 모든 요소는 자기의 자리와 역할, 몫, 보상이 있음. 적재적소의 배치와 분배가 현실의 균형을 가져다줌 |

# Six of Wands

Six of Wands의 흰색 말은 순수한 힘, 직관을 나타낸다. 올라브 색깔 천은 조화를 나타내고 발에 끼인 등자는 그의 위치가 안정되고 지지받고 있음을 나타낸다. 사람의 머리와 들고 있는 막대에 놓인 월계관은 승리와 영광을 상징한다. 그리고 그의 의지를 향한 방향으로 사람들이 함께 가기에 쥐고 있는 막대는 지휘권을 나타내기도 한다. 주변 사람이 따른다는 것은 말 위의 인물이 인정받고 있음을 보여준다.

의지가 두드러지고 돋보인다. 이는 다른 의지들보다 더욱 순수하고 강렬하기 때문이다. 주변의 의지는 순수하고 강렬한 의지를 중심으로 정렬하게 된다. 이는 경쟁에서 승리하게 만들고 주변 사람을 따르게 만드는 힘이 된다. 예를 들면, 축구팀에서 한 사람이 유달리 더 빛나고 열정적이고 두드러진다고 하면, 그 사람은 다른 사람들과의 경쟁에서 승리할 것이다. 또한 주장이 되어서 그 팀을 이끌게 될 것이다. 이러한 의지의 조화로운 정렬이 Six of Wands이다.

◆ Key Words ◆

성공, 승리, 업적, 최고우위, 리더십, 영예, 칭찬, 찬사, 명성,
유명세, 스포트라이트, 승진, 선두 주자, 지지자, 성공 공유,
자신감, 자존감, 자부심, 캠페인, 원활한 진행, 자만

◆ 다양한 상황에서 Six of Wands의 적용 ◆

| 마음 상태 | 상황 | 인간관계 | 일 |
|---|---|---|---|
| 자신감이 넘치고, 대범하다. 인정받고자 하는 욕구가 크다. | 승리한 상황, 내가 부각되는 환경이다. 상황에 대한 주도권을 쥐고 있다. | 밝고 긍정적이나, 자신의 고민이나 슬픔을 깊게 나누지 않는다. 리더십이 있어 사람들이 많이 따를 수 있다. | 여러 사람과 팀을 이뤄서 하는 일, 성과주의 업종이나 회사에 유리하다. |

# Six of Cups

Six of Cups의 컵에는 하얀 꽃이 피어 있다. 이는 순수하고 자연스럽게 우러나오는 감정을 나타내며, 이런 감정으로 둘러싸여 있고, 휩싸여 있음을 보여준다. 마을 안이라는 것은 보호받고 안전한 장소라는 것을 나타낸다. 돌기둥에 새겨진 X표시는 바로 이 순간, 지금 여기라는 표시이다. 아이가 나타나는 것은 순수함을 상징한다. 빨간 모자를 쓴 것은 뜨겁고 강렬한 감정 상태임을 나타낸다.

Two of Cups에서는 남녀가 서로 컵을 들고 있었지만, 여기서는 큰 남자아이가 컵을 들고 여자아이에게 전달해주고 있다. 이는 큰 강에서 작은 지류로 물이 뻗어 나가듯, 강렬하고 순수한 감정이 다른 이에게 퍼지는 것을 보여준다. 우리가 살며 강렬한 감정을 갖는 대상이 있을 때 그 대상과 연결되는 느낌이 Six of Cups이다. 우리의 첫사랑을 만난 그 순간, 아이를 출산하고 아이의 눈을 처음 본 순간, 반려 동물과 처음 만난 순간 등과 같은 감정 상태라고 볼 수 있다.

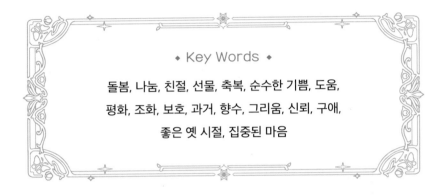

• Key Words •

돌봄, 나눔, 친절, 선물, 축복, 순수한 기쁨, 도움,
평화, 조화, 보호, 과거, 향수, 그리움, 신뢰, 구애,
좋은 옛 시절, 집중된 마음

◆ 다양한 상황에서 Six of Cups의 적용 ◆

| 마음 상태 | 상황 | 인간관계 | 일 |
|---|---|---|---|
| 조심스럽지만, 마음을 한 방향(사람)에 쏟고 있다. | 안정적이고 평화롭다. | 소수의 사람에 집중되어 있다. 과거의 진실한 관계를 잊지 못한다. | 다른 사람의 부탁이나 마음에 영향을 받을 수 있다. |

# Six of Swords

Six of Swords의 배는 보호와 이동을 나타낸다. 6개의 칼이 배에 꽂혀 있다. 이 배는 이성으로 만들어진 배이다. 큰 물은 혼돈과 혼란을 나타낸다. 큰 바다를 뱃사공은 헤쳐 나간다. 그가 들고 있는 삿대는 검은색인데 이는 다른 것으로 물들지 않는 마음을 나타낸다. 사람들은 옷을 뒤집어쓰고 앉아 있다. 자신의 개인적인 마음을 겉으로 드러내지 않음을 나타낸다. 모두 한 방향을 향하고 있는데 주변에 다른 것에 영향받거나 현혹되지 않음을 나타낸다.

이성, 지성이 조화롭고 균형이 잡힌 상태라는 것은 능숙한 뱃사공이 운행하는 배와 같이 거침없이 흘러간다. 이 세상의 법칙을 이해하고 순응하는 것은 노아의 방주와 같이 혼란과 위험으로부터 우리를 보호한다. 이는 이동을 나타내기도 하는데, 개인적인 욕심으로의 이동이 아닌 자연스러운 섭리에 의한 이동이다. 이성 작용이라는 것은 문제가 없으면 작동하지 않는다. 문제가 있을 때 해결할 수 없으면 집착하지 않고 다른 해결 가능한 문제를 찾을 것이고, 해결할 수 있으면 해결한 뒤에 다음 문제를 향해 갈 것이다. 즉, 현실에서 이성은 한 곳에 머무르지 않는다.

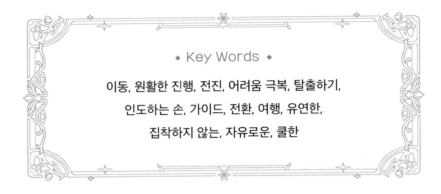

◆ Key Words ◆

이동, 원활한 진행, 전진, 어려움 극복, 탈출하기,
인도하는 손, 가이드, 전환, 여행, 유연한,
집착하지 않는, 자유로운, 쿨한

◆ 다양한 상황에서 Six of Swords의 적용 ◆

| 마음 상태 | 상황 | 인간관계 | 일 |
|---|---|---|---|
| 상황에 대한 적응이 빠르고 문제해결 능력이 좋다. 이성적이고 합리적이다. | 문제가 해결되고 다음 단계로 넘어가는 상황이다. | 두루두루 친하나 집착하지 않는다. 오는 사람 막지 않고 가는 사람 막지 않는다. | 원활하게 진행되고, 다음 단계로 이동이 있을 수 있다. |

# Six of Pentacles

Six of Pentacles의 펜타클은 공중에 떠서 둘러싸여 있다. 이는 나와 주변 사람 모두에게 영향을 끼치고 있는 것을 나타낸다. 가운데 서 있는 사람의 복장과 앉아 있는 두 사람의 복장은 차이가 있다. 이는 현실적으로 더 소유하고 영향력이 있는 사람이 그렇지 않은 사람에게 물질을 나눠주고 있는 것을 나타낸다. 한 손에 저울을 들고 있는 것은 이 행위가 단순히 불쌍함에 의한 적선이 아니라 합리적인 기준에 의한 분배 행위라는 것을 보여준다.

조화롭고 균형 잡힌 현실, 물질이라는 것은 모든 것이 적절하게 분배되어 조화로운 상태를 나타낼 것이다. 넘치는 곳과 모자라는 곳이 없이 적절히 자신의 소유와 영역을 갖는 상태가 가장 이상적이고 아름다운 현실의 모습일 것이다. Six of Pentacles에서는 그러한 분배를 보여준다. 한 명이 이기고 다른 사람은 지는 성공과 실패가 아닌, 모두가 이기는 성공임을 보여준다.

◆ 다양한 상황에서 Six of Pentacles의 적용 ◆

| 마음 상태 | 상황 | 인간관계 | 일 |
|---|---|---|---|
| 주변을 생각하고 전체의 이익을 생각한다. | 골고루 분배되는 상황이다. | 두루 편하고 평판이 좋다. | 모두가 이익이 되는 상황이다. 일의 잘 마무리되어 정당한 대가를 모두가 받는 상황이다. |

★ ★ ★ ★ ★ ★ ★

# Seven

Seven에서 슈트들은 개체화되고 개별화된다. 개체성이 도드라지고 부각된다. 개체가 중심이 되어 전체를 다루려고 한다. 상황에 순응하거나 조화를 이루는 것이 아니라 나의 힘, 마음, 생각, 능력대로 상황을 끌고 가려 한다. 그래서 이로 인한 저항이나 왜곡이 일어난다.

그림들을 살펴보면 한 사람이 매우 부각되고 그 앞에 각 슈트가 다수로 나오고 있다. 한 부분이 매우 부각되고, 부각된 부분이 다른 전체를 다루려고 하고 있음이 나타난다.

Seven의 카드에서는 위태로움이 느껴진다. 대세의 거스름이 나타나기 때문이다. 이때 우리는 개체성을 강렬하게 느낀다. 남들과 다른 방향, 남들과 다른 기분, 남들과 다른 생각, 남들과 다른 현실 등 이러한 것들에서 남들과 대비되는 개체성이 부각된다.

| Seven of Wands | Seven of Cups | Seven of Swords | Seven of Pentacles |
|---|---|---|---|
| - 독자적인 의지<br>- 주변의 저항을 이겨내는 강한 의지<br>- 주변과 도드라진 힘은 강한 저항을 불러일으킴 | - 도드라지는 감정<br>- 다양한 감정들을 느끼고 체험, 동일시<br>- Cups가 개별적으로 존재하려면 다른 요소와 결부되어야만 함 | - 부각되는 지성<br>- 빠르게 상황을 이해, 습득<br>- Swords의 본성으로 인하여 개체성이 전체성을 흡수할 수 있음 | - 독단적 현실통제<br>- 현실을 내 뜻대로 하려 함, 현실에서 개체는 전체를 다룰 수 없음 |

# Seven of Wands

Seven of Wands는 양손으로 막대를 들고 있다. 이 카드는 온 힘을 다하고 있으며, 스스로의 힘을 다루는데 벅차하는 것을 보여준다. 앞에서 그를 향해 오는 듯 한 6개의 막대와 대각선으로 들고 있는 막대는 그를 둘러싼 의지들이 나의 의지와 대립하고 있음을 보여준다. 인물의 신발이 짝짝이인데, 그 사람의 행동이 일관되지 않고 불안정함을 나타낸다. 언덕 높은 곳에 위치함은 그가 강력한 힘을 가지고 있고 힘으로 상황을 제압하려 함을 나타낸다.

　주변의 의지와 대립하며 자신의 의지를 강렬하게 내뿜는다. 이는 힘에 대한 대립으로 현실에서 나타난다. 반대를 통해 내가 튀기 위한 것인지, 아니면 본인의 본질적인 개성을 내뿜기 위한 용기인지에 대한 구분이 중요하다. 공격 받는다는 느낌을 강하게 가질 수도 있고, 이 상황을 나의 힘으로 바꿔나가야 한다는 마음으로 저항을 뚫고 가는 것일 수도 있다. 모두가 Yes 할 때 No를 하는 용기이기도 하다. 그러한 용기가 진정한 승리로 귀결이 되려면 이기적인 마음에서 벗어나야 한다.

### ◆ Key Words ◆

도전, 반대, 자신의 입장을 지키기, 저항심, 독단적, 확신,
확고함, 무모함, 공격적, 힘든 일, 포기하지 않음,
압력, 강력한 자기주장, 불굴의 의지, 용기, 만용

### ◆ 다양한 상황에서 Seven of Wands의 적용 ◆

| 마음 상태 | 상황 | 인간관계 | 일 |
|---|---|---|---|
| 자신을 공격하는 것을 참을 수 없다. 어떤 상황에서도 자신의 의지를 표출한다. | 주변 환경, 상황과 조화를 이루지 못하고 있다. 강력한 압박이 가해지는 상황이다. | 주변 사람과 다른 방향으로 자신을 주장하기 때문에 별로 좋지 못하다. | 투쟁적이고 남들이 YES라 할 때 나는 NO라고 하는 일(시민단체, 소방관, 경찰 등)을 한다. |

# Seven of Cups

Seven of Cups는 검은 사람이 다양한 것이 들어 있는 구름 위의 컵을 바라보고 있다. 검은 것은 자신의 개성이 사라진 상태를 나타낸다. 온 정신이 앞의 컵들에 팔렸다는 의미이다. 여성의 얼굴은 아름다움, 베일에 싸인 것은 신비로움, 뱀은 지혜, 용은 욕망, 월계관은 승리, 보석은 부귀, 성은 무너지지 않는 나의 영역을 상징한다. 그것들을 담고 있는 컵들은 그러한 것들과 연결된 감정들을 나타낸다. 구름이라는 것은 그의 기반이 매우 불안정하고 언제든지 사라져 버릴 수 있는 유한성을 지닌 것을 나타낸다.

개별화된 감정이라는 것은 일단 분리된 감정이어야 한다. 물은 하나로 합쳐지는 성질을 가지고 있기 때문에 분리되거나 개별화 돼서 존재할 수 없다. 그렇게 존재하려면 다른 요소와 결부되어야 한다. 여기 나오는 컵 안에 든 다양한 것들은 그러한 요소를 나타낸다. 특히 월계관이 든 컵에는 해골이 그려져 있다. 승리에 대한 감정을 추구하거나 휩싸이는 것은 매우 치명적인 결과를 가져올 수 있음을 나타낸다. 이러한 것들과 결부된 감정들은 매우 강렬할 수 있다. 왜냐면 사랑, 자애, 공감 같은 순수한 감정은 눈에 보이지 않지만 이런 요소는 눈에 보이고 현실적으로 강한 영향력을 가지고 있다고 생각하기 쉽기 때문이다. 그렇기에 더욱더 생생하게 느껴지는 착각을 준다. 하지만 결국 그런 감정은 순수하지 못하고 덧없이 사라져 버린다.

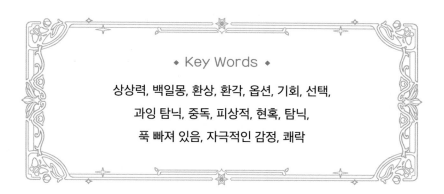

◆ Key Words ◆

상상력, 백일몽, 환상, 환각, 옵션, 기회, 선택,

과잉 탐닉, 중독, 피상적, 현혹, 탐닉,

푹 빠져 있음, 자극적인 감정, 쾌락

◆ 다양한 상황에서 Seven of Cups의 적용 ◆

| 마음 상태 | 상황 | 인간관계 | 일 |
|---|---|---|---|
| 자신의 욕망에 솔직하며, 순간적인 감정적 만족, 쾌락을 추구한다. | 혼란스럽고 다양한 유혹이 있는 상황이다. 주변 환경에 신경 쓰지 않고 자신의 욕망에 빠져 있다. | 순간적으로 강렬하기에 빠르게 친해질 수 있으나 관계의 안정성, 지속성이 약하다. | 화려하고 순간적인 만족을 위한 일(미용, 네일, 개그맨, 마술사 등)을 한다. |

# Seven of Swords

Seven of Swords에서 오른쪽에 있는 천막과 왼쪽 멀리에 있는 사람들의 실루엣을 보면 이 장소는 전쟁이 일어나고 있는 곳임을 알 수 있다. 천막은 막사이다. 그 앞에 칼들이 꽂혀 있는데 어떤 인물이 칼 다섯 개를 손에 들고 막사 반대 방향으로 가고 있다. 칼 중간을 쥐고 있는 것은 이 칼들이 원래 내 것이 아니었음을 보여준다. 그리고 고개를 돌려 막사 쪽을 바라보는 것은 주변을 경계하는 것이기도 하고 원래 칼이 막사 앞에 있었다는 것을 보여준다. 또한 더 가지고 나오지 못한 아쉬움이기도 하다. 쓰고 있는 붉은 모자는 그의 생각이 매우 열정적이고 빠르게 돌아감을, 신고 있는 붉은 털신은 행동이 민첩하고 은밀하여 알아채기 힘듦을 보여준다.

Seven카드에서 개체가 전체를 다루는 것이 성공적인 것은 Swords가 유일하다. 그 이유는 Swords-공기-이성의 본질적인 성질 때문이다. 생각은 내 생각이기도 하지만 우리의 생각도 될 수 있다. 이러한 경계를 넘나드는 것이 이성의 성질이다. 나의 개별화된 이성의 힘이 전체의 이성을 흡수하고 이용할 수 있다. 하지만 당연히 온전히 습득할 수는 없기에 불완전함은 존재한다. 상황을 빠르게 파악하고 재치 있게 빠르게 습득한다. 하지만 깊이가 얕을 수 있다.

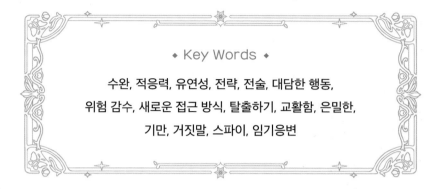

♦ Key Words ♦

수완, 적응력, 유연성, 전략, 전술, 대담한 행동,
위험 감수, 새로운 접근 방식, 탈출하기, 교활함, 은밀한,
기만, 거짓말, 스파이, 임기응변

♦ 다양한 상황에서 Seven of Swords의 적용 ♦

| 마음 상태 | 상황 | 인간관계 | 일 |
|---|---|---|---|
| 눈치가 빠르고 문제 해결이 좋으나 깊이가 얕을 수 있다. | 빠른 판단이 필요한 순간이다. 위험할 수 있는 상황이다. 상황을 잘 이용한다. | 사람을 상대할 때 순간 순간 대처 능력이 좋으나 깊은 관계를 맺지 못할 수 있다. | 무슨 일이든 잘하나 금방 싫증을 느낄 수 있다. |

# Seven of Pentacles

Seven of Pentacles에서 펜타클은 식물에 열매처럼 열려 있다. 이는 내 앞에 자연스럽게 놓인 상황이나 주어진 결과물을 나타낸다. 농기구에 턱을 괴고 있는 사람은 농사꾼으로 보이고, 자세에서는 근심이 느껴진다. 식물을 향한 자세와 시선은 현 상황에 매우 집중하고 있음을 나타낸다.

그림만 봐서는 농사꾼이 농사를 지었는데 농작물의 열매가 열리지 않았거나 만족스럽게 결실이 맺히지 않아 근심스럽게 쳐다보는 모습이다. 농사꾼이 작물이 맺히지 않는 것은 개인의 노력을 안 해서일 수도 있지만, 그보다는 날씨가 안 도와줬거나 천재지변 같은 큰 사고를 당해서일 가능성이 높다. 즉, 현실 세계에서는 더 큰 힘의 도움이 없이는 풍요로운 결실을 맺을 수 없다는 것이다. 개인이 아무리 노력해 봐야 큰 환경의 도움이 없이는 성공할 수 없다. 현실 세계에서 독고다이는 실패를 불러올 뿐이다.

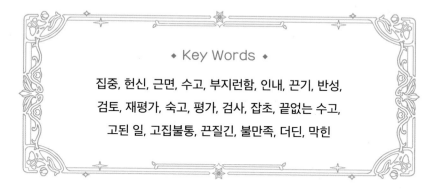

## ◆ Key Words ◆

집중, 헌신, 근면, 수고, 부지런함, 인내, 끈기, 반성,
검토, 재평가, 숙고, 평가, 검사, 잡초, 끝없는 수고,
고된 일, 고집불통, 끈질긴, 불만족, 더딘, 막힌

### ◆ 다양한 상황에서 Seven of Pentacles의 적용 ◆

| 마음 상태 | 상황 | 인간관계 | 일 |
|---|---|---|---|
| 자신의 힘으로만 상황을 이겨내려 한다. 융통성이 없고 인내심이 강하다. | 생각한 만큼 결과가 나지 않은 상황이다. | 역지사지가 부족할 수 있다. 다른 사람과의 소통에 소극적이어서 관계가 좁고 약할 수 있다. 적극적으로 사람을 만나고 교류하지 않는다. | 순수하게 개인의 노력이 들어가는 일, 환경이나 상황에 따른 변수가 많은 일(농사, 어업 등)을 할 수 있다. |

★ ★ ★ ★ ★ ★ ★ ★ ★

# Eight

Eight에서 슈트들은 가지런히 정렬되어 있다. 이는 개체들이 더 큰 질서에 순응하고 있음을 보여준다. Seven에서는 개체가 전체에 저항하거나 자신의 뜻대로 전체를 다루려 했다면, Eight에서는 개체가 전체의 질서에 순응하고 있다. 나의 주체성이 부각되는 것이 아니라 큰 법칙에서 나의 주체성이 기계의 부품과 같이 움직이게 된다. 이는 어떤 의미에서는 제약이요 어떤 의미에서는 질서이다. 그렇기에 사람이 안 그려져 있거나 개체의 주체성이 매우 약하게 표현되어 있다.

Cups와 Swords의 그림에서는 부정적인 느낌이 풍긴다. 그 이유는 자유롭게 흐르는 것이 본성이기 때문이다. 그렇기에 Eight 질서를 제약으로 느낀다.

Wands와 Pentacles는 소통과 교류로 존재하는 것이 아니라 자체적으로 존재한다. 그렇기에 이러한 제약을 질서로 느낀다.

| Eight of Wands | Eight of Cups | Eight of Swords | Eight of Pentacles |
|---|---|---|---|
| - 주어진 상황에 순응하는 의지<br>- 빠르고 명료하며 갈등이 없음 | - 절제되고 제한된 감정<br>- 감정은 자연스러운 흐름과 합일을 원함 | - 제약된 이성과 사고<br>- 지성은 규격화될수록 힘을 잃음 | - 주어진 현실에 주어진 역할<br>- 물질은 항상 전체 속에서 부분으로 존재하며 자신의 역할을 수행함 |

# Eight of Wands

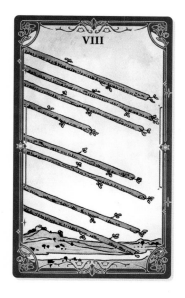

Eight of Wands는 8개의 막대가 하늘에서 같은 방향으로 대각선으로 떨어지고 있다. 이는 매우 빠르고, 막힘이 없이 의지나 힘이 발산되고 있다는 것이다. 막대가 같은 방향이라는 것은 더 큰 의지의 방향에 따르고 있다는 것을 알 수 있다. 밑의 강 또한 막힘없이 흐르고 있는 삶의 흐름을 나타낸다. 산은 목표지점을 나타낸다.

빠른 결정과 행동으로 목표를 향해 행동할 수 있다. 방향이 결정되었으니 혼란은 없다. 불길이 방향을 잡은 것과 같다. 맹렬히 그 방향으로 타오른다. 막대들끼리 일정한 간격을 유지하며 충돌이 없다는 것은 의지끼리의 소통이 잘이루어지는 것을 나타낸다. 다양한 일을 해도 혼란이 없으며 주변 사람과 협력하여 일하더라도 충돌이 없다. 하늘에 떠 있다는 것은 이러한 상태가 계속유지되지는 않는다는 것이고 일정 기간이 지나면 끝날 것이다.

돛의 바람, 이륙, 호흡 맞춤, 액션, 움직임, 활동, 서두름,

러쉬, 레이스, 기세, 동원, 바쁨, 빠른 동작, 점프,

다리미가 뜨거울 때 다리기, 민첩함, 목표물 맞히기, 선두, 포지션

♦ 다양한 상황에서 Eight of Wands의 적용 ♦

| 마음 상태 | 상황 | 인간관계 | 일 |
|---|---|---|---|
| 민첩하고 적응력이 좋다. | 해야 할 일이 확실하고 기간이 정해져 있는 상황이다. | 함께하는 사람들과 잘 어울리고 의사소통이 활발하다. | 단기 프로젝트가 진행되는 일에 적합하다. |

# Eight of Cups

Eight of Cups는 8개의 컵이 이 중으로 쌓여 있다. 컵이 쌓여 있는 방향으로 등을 돌리고 가는 사람이 있다. 이는 자신의 감정과는 반대되는 행동을 하고 있다는 뜻이다. 지팡이는 그러한 과정이 녹록지 않음을 보여준다. 태양을 달이 가리고 있는 것 같기도 하고, 보름달과 그믐달을 한꺼번에 그려 놓은 것 같기도 하다. 이는 활력이 떨어지는 것을 나타내고, 이러한 상황이 영원히 지속되지 않음을 나타낸다. 배경의 바다와 언덕들은 과정이 험난하고 복잡함을 나타낸다.

물은 자연스럽게 흐르며 하나 되기도 하고 갈라지기도 하는 것이 좋다. 둑을 쌓아 흐름을 통제하려 하면 녹조도 생기고 썩기 시작한다. 감정이라는 것도 자연스럽게 흐르는 것이 좋다. 그렇지 않을 때 우리는 답답함, 무기력함, 우울함 등이 생길 수 있다. 보통 어쩔 수 없이 참고, 인내해야 하는 상황에서 나오는 경우가 많다.

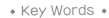
◆ 다양한 상황에서 Eight of Cups의 적용 ◆

| 마음 상태 | 상황 | 인간관계 | 일 |
|---|---|---|---|
| 인내심이 좋으며, 상황에 순응한다. 자신의 마음을 모르고 잘 표현하지 못한다. | 하기 싫지만 어쩔 수 없이 따라야 하는 상황이다. | 낯가림이 있으며, 감정 표현이 미숙하다. | 참고 견뎌야 하는 상황. 편치 않은 일을 맡은 상황(복지, 서비스 업종)이다. |

# Eight of Swords

Eight of Swords는 8개의 검이 나를 둘러싸고 있다. 나를 제약하는 틀이라고 볼 수 있다. 사람은 눈이 가려있고 묶여 있다. 특정한 패턴에서 갇혀서 빠져나오지 못하고 있다. 다른 관점에서의 생각을 하지 못하고, 상황을 매우 좁은 시각에서 보고 있을 수 있다. 뒤의 성도 이 사람이 갇혀 있는 자기만의 세계를 나타낸다. 물과 흙이 범벅이 된 바닥은 매우 불편한 기반을 나타낸다.

Swords는 공기와 대응이 된다. 공기는 갇혔고, 칼 또한 질척거리는 땅에 박혀 그 날카로움은 무뎌지고 있다. 자유롭게 무한히 넓은 창공을 날아다니는 새처럼 우리의 생각은 넓은 관점에서 유연하게 작동할 때 힘을 갖는다. 특정 문제에 대한 똑같은 생각 과정은 새로운 답을 제공해 주지 못하고, 제자리를 맴도는 새같이 될 뿐이다. 지루하게 반복해야 하는 일을 하는 경우 우리의 생각은 굳어지고 시야는 좁아질 가능성이 높다. 이럴 때 우리는 유연하고 자유로운 사고를 못 하게 된다.

♦ **Key Words** ♦

제한, 감금, 속박, 딜레마, 혼란, 히스테리, 통제,
문제에 직면할 수 없음, 탈출구를 볼 수 없음, 막힘, 마비, 두려움,
비관주의, 무력감, 고립, 검열, 침묵, 반복되는 문제, 소극적, 함정

♦ 다양한 상황에서 Eight of Pentacles의 적용 ♦

| 마음 상태 | 상황 | 인간관계 | 일 |
|---|---|---|---|
| 자신의 사고의 패턴이 뚜렷하며, 비판적이다. 결단력이 약할 수 있다. | 단순한 삶이 반복되는 상황. 지속적인 문제가 반복되는 상황이다. | 인간관계가 폭넓지 않고 제한되어 있다. 소극적이고 눈치가 없다. | 단순반복적인 일, 제한된 공식이 반복되는 계산하는 일에 적합하다. |

# Eight of Pentacles

Eight of Pentacles는 인물이 망치와 끌을 이용해서 펜타클을 만들고 있다. 이는 자신의 능력과 기술을 발휘하고 있음을 나타낸다. 또한, 온전히 내 앞에 놓인 일에 집중하고 있음을 보여준다. 기둥에 가지런히 걸린 펜타클은 작업이 완료된 결과물일 것이다. 이것으로 보아 이 사람이 처음 해보는 것이 아니라 많이 반복해본 일임을 알 수 있다. 전체적으로 팬타클이 매우 질서 정연하게 놓여 있다. 체계적이고 정돈됨을 보여준다. 뒤의 성과 그 성으로 들어가는 길이 있는 것은 안정적으로 자신의 영역을 구축할 수 있음을 보여준다.

Pentacles는 물질, 현실과 관련된 요소이다. 물질은 자체적으로 유지되고 존재한다. 그렇기에 전체적인 질서는 각자의 위치와 역할을 부여하여 혼란을 줄이게 된다. 정확한 위치에서 정확한 순서에 맞게 일은 진행된다. 이러한 반복은 능숙함과 기술의 향상을 낳는다.

◆ 다양한 상황에서 Eight of Pentacles의 적용 ◆

| 마음 상태 | 상황 | 인간관계 | 일 |
|---|---|---|---|
| 성실하며, 욕심이 별로 없다. 꼼꼼하고 집중력이 좋다. 임기응변에 약하다. | 반복되는 일상이고 큰 변화가 없다. | 겸손하며, 나서지 않는다. 새로운 사람과 적극적으로 어울리는 것에 별로 관심이 없을 수 있다. 타인과 협력하거나 도움받는 것에 관심이 없다. | 전문 기술직, 특정 영역이나 분야에 특화, 직접 결과를 생산하는 일, 일한 만큼 정직하게 결과가 나오는 일을 선호한다. |

★ ★ ★ ★ ★ ★ ★ ★ ★

# Nine

Nine은 슈트들이 인물의 배경을 가득 채우고 있다. 부분은 더 큰 전체와 연결되어 있다. 큰 질서에 순응하지만 그렇다고 개체성이 소멸된 것이 아니라 서로 녹아들어 있다. 여기서 우리는 주어진 상황에서의 제한된 변화나 선택만 할 수 있다.

Seven의 개체성과 Eight의 전체성이 어우러진 상태이다. Ten은 모든 가능성이 펼쳐진 상태이며 Nine은 가능성이 펼쳐지기 전 모든 준비가 끝난 것을 나타낸다. 대본은 완성되었으며, 무대 위의 설 시기는 멀지 않았다.

| Nine of Wands | Nine of Cups | Nine of Swords | Nine of Pentacles |
|---|---|---|---|
| - 확고하고 유지되는 의지<br>- 일관된 방향으로 전체를 유지함 | - 전체와 어우러진 감정<br>- 하나 되고 녹아듦 | - 전체 속에 함몰된 이성<br>- 폭풍 속의 배처럼 흔들리며 갈피를 잡지 못함 | - 전체와 어우러진 물질<br>- 준비되고 안전하게 나를 둘러친 현실 |

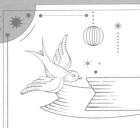

# Nine of Wands

Nine of Wands의 인물의 머리에는 붕대가 있는데 이는 상처가 치유되고 있음을 나타낸다. 또는 정신적인 고통이 있음을 보여준다. 그가 막대를 들고 있는 자세는 조심스럽고 빈틈이 없다. 그는 보초를 서고 있는 것으로 보인다. 막대들 사이의 뒷 배경을 보면 크고 작은 언덕들이 있다. 이는 그가 겪고 이겨내 왔던 도전과 성취를 보여준다. 막대는 행동, 의지, 열정, 욕망 등을 나타내며 꼭대기에 싹이 나와 있는 것은 성장하고 있음을 상징한다. 그러한 성취와 성장을 이 사람은 지키고 있는 것으로 보인다. 그러한 과정이 순탄하지는 않지만 굳건히 버티며 유지하고 있다.

순간순간 일어나는 일에 대해 일관되고 굳건하게 대처하고 반응한다. 흔들림이 없으며, 자신의 의지를 유지한다. 이는 두 가지 관점에서 해석이 가능한데, 순간순간의 어려움에 흔들림 없이 대처한다는 관점과 꾸준히 진행해 온 것을 포기하지 않고 유지한다는 관점이다. 어찌 됐든 그는 힘들지언정 쓰러지지 않으며, 성장하고 있다.

## ◆ Key Words ◆

지속성, 의지의 힘, 신념, 요새, 강인함, 불굴, 베테랑, 경험,
인내, 버티기, 홀로서기, 원칙, 부담, 책임, 피로, 지친, 경계심,
방어적인, 지속적인, 굳건함, 확고함

## ◆ 다양한 상황에서 Nine of Wands의 적용 ◆

| 마음 상태 | 상황 | 인간관계 | 일 |
|---|---|---|---|
| 자신의 뜻을 꺾지 않고 조급하지 않게 밀어붙인다. | 안정적이지만 긴장을 놓을 수 없는 상황이다. | 가볍고 얕게 사람들과 어울리지 않는다. 인연을 맺으면 지속적이며 오래 간다. | 어떤 일을 달성하기 위해서 지속적으로 힘을 쏟고 있다. 단기 프로젝트보다는 장기적인 프로젝트에 어울리며, 기획, 관리, 감독같이 전체를 이끌고 가는 일을 잘한다. |

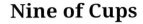

# Nine of Cups

Nine of Cups의 단상 위에 놓인 컵들은 높이 고양된 감정들을 나타낸다. 개개의 컵들이 함께 어우러져 있는 것은 감정의 조화를 나타낸다. 그 앞에 살찐 인물이 웃고 있는데 이는 풍요롭고 행복함, 즐거움을 보여준다. 팔짱을 끼고 있음은 새로운 도전을 시도하기보다는 이 상태를 유지하고 싶어 한다는 것을 나타낸다.

개인이 전체와 하나 되어서 녹아들어 존재하는 것은 어떻게 보면 Cups에서 가장 이상적인 상태일 수 있다. 그렇기에 Nine of Cups는 그 어떤 컵보다 행복해 보인다. 어쩌면 그렇기에 그 상태에서 벗어나는 것에 대해 거부감마저 있어 보인다. 내 주변의 환경들 사람들과 거부감 없이 하나 되어서 함께 어울릴 수 있다면 그것이 곧 행복 아니겠는가? 유일한 단점은 변화에 대한 거부 또는 성장에 대한 욕구 없음 정도일 것이다.

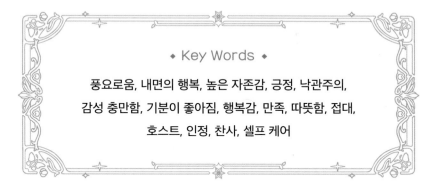

◆ Key Words ◆

풍요로움, 내면의 행복, 높은 자존감, 긍정, 낙관주의,

감성 충만함, 기분이 좋아짐, 행복감, 만족, 따뜻함, 접대,

호스트, 인정, 찬사, 셀프 케어

◆ 다양한 상황에서 Nine of Cups의 적용 ◆

| 마음 상태 | 상황 | 인간관계 | 일 |
| --- | --- | --- | --- |
| 편안하고 즐거우나 게으를 수 있다. 긴장을 하거나 경쟁하는 것을 싫어한다. | 만족스럽고 편안한 상황이다. 안전하다. 주변 상황의 도움을 받을 수 있고 좋은 교류가 일어나고 있다. | 사람들과 두루두루 관계가 좋으나 적극적이진 않다. | 경쟁이나 압박이 없고 다양한 사람들과 함께 어우러져서 하는 일에 적합하다. |

# Nine of Swords

Nine of Swords에서 칼은 벽에 한 방향을 향해서 나열되어 있다. 그물처럼 매우 촘촘히 짜여진 계획, 이성, 생각을 나타낸다. 그물에 걸린 물고기처럼 이 큰 틀에서 벗어나기는 매우 어렵다. 침대라는 것은 휴식을 위한 공간인데 심리적으로 휴식을 취할 수 없다. 이는 생각, 이성의 작용이 과잉되게 일어날 수 있음을 보여준다. 침대보의 다양한 기호들은 다양한 상황들이 복잡하게 펼쳐지고 있음을 나타낸다. 침대 왼쪽의 조각을 보면 한 사람이 다른 사람을 칼로 공격하고 있는데, 이는 타협할 수 없이 무자비하게 굴러가는 양상을 나타낸다.

Nine은 모든 가능성이 현현할 준비가 완료된 상태이다. 이때 변화의 가능성은 매우 적으며 그 안에서 모든 일들은 계획대로 발현될 뿐이다. Swords를 살펴보면 Eight, Nine, Ten이 매우 부정적으로 그려져 있음을 알 수 있다. 그 이유는 뒷번호로 갈수록 슈트들은 현실화 되고 겉으로 드러나기 때문이다. 그렇게 구체화된 상태에서 Swords는 자유로움을 잃어버리게 된다. 새가 새장에 갇힌 것과 같이 이성은 형식과 틀 안에 갇혀 버리게 된다. 그러한 답답함과 어찌할 수 없음이 8, 9, 10에서는 나타나게 된다.

Nine에서는 어떻게서든 벗어나고 싶고 바꾸고 싶어 하는 노력이 잘되지 않는 것을 보여주고 결국 수포로 돌아가게 될 것을 암시하고 있다. Seven의 재치가 Eight의 제약에 막혀 통하지 않음을 나타낸다.

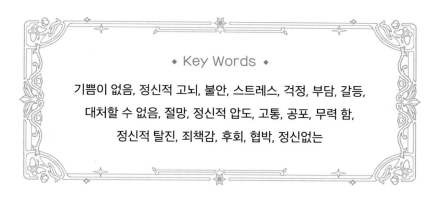

♦ Key Words ♦

기쁨이 없음, 정신적 고뇌, 불안, 스트레스, 걱정, 부담, 갈등,
대처할 수 없음, 절망, 정신적 압도, 고통, 공포, 무력 함,
정신적 탈진, 죄책감, 후회, 협박, 정신없는

♦ 다양한 상황에서 Nine of Cups의 적용 ♦

| 마음 상태 | 상황 | 인간관계 | 일 |
| --- | --- | --- | --- |
| 잘 쉬지 못하고, 여러 일을 동시에 처리한다. | 정신없고 바쁜 상황이다. | 다양한 사람과 어울릴 수 있으나, 깊이가 얕을 수 있고 조급하다. | 정신없이 일이 몰아치는 상황이다. |

# Nine of Pentacles

Nine of Pentacles의 인물은 포도밭에 둘러싸여 있다. 펜타클은 그 포도밭과 함께 그려져 있다. 포도는 많은 결실, 풍요를 상징한다. 여인의 손이 포도밭과 펜타클을 만지고 있다. 이는 주변의 풍요로움을 이용할 수 있음을 나타낸다. 그의 발은 옷에 가려 보이지 않는다. 행동이 명확하게 보이지 않음을 나타낸다. 수동적임을 보여준다. 장갑을 낀 손위에 새가 앉아 있는데 이는 훈련된 새임을 알 수 있다. 새의 얼굴 또한 가려져 있다는 것은 자유가 제한되어 있음을 나타낸다. 왼쪽 앞의 작은 달팽이 또한 보호받고 있음을 보여준다.

짜여진 환경 속에서 제한된 자유를 누리 수 있다는 것은 더 큰 힘에 의해 보호받고 있음을 나타낸다. 이는 외부의 지원을 받고 있는 환경으로 볼 수 있다. 이러한 지원은 개인이 더 큰 영역 안에 머물 때만 유지된다. 꼭 훈련된 새에게 풍요로운 환경이 제공되는 것과 유사하다. 또는 온실 속에 화초 같은 느낌이다. 이러한 장소는 나를 안전하게 지켜주는 영역이기도 하다. 여기서 우리는 큰 어려움 없이 결과를 맺고 꽃을 피우게 될 것이다.

◆ Key Words ◆

재정적 건전성, 번성, 풍요로움, 사치, 편안함, 만족, 재산,

토지, 자제력, 쉬움, 세련미, 고귀한, 애지중지, 탐닉, 여가,

취미, 보호, 많은 기회, 주변 도움, 성공, 이익, 번영, 부

◆ 다양한 상황에서 Nine of Pentacles의 적용 ◆

| 마음 상태 | 상황 | 인간관계 | 일 |
|---|---|---|---|
| 얌전하고, 순응적이다. 단순하고 복잡한 것을 싫어한다. | 여유롭고, 준비되어있다. 풍요로운 환경이고 주변에 좋은 관계를 유지하고 있다. | 다양한 사람과 편안하게 어울린다. | 주변의 도움을 받고 풍요롭다. 출발선이 앞선 상황이다. |

★ ★ ★ ★ ★ ★ ★

# Ten

Ace가 각 슈트의 본질적인 상태라면 Ten은 각 슈트의 현실적인 상태이다. 즉, Ace가 씨앗이라면 Ten은 완전히 성장한 나무이다. 각 슈트의 모든 성질과 가능성이 현현한 상태이다. Ten에서 각 원소는 매우 안정된 상태를 실현한다. 더 이상 변화의 폭은 없으며, 주어진 상황을 받아들인다.

우리는 이때 그 슈트의 영향력 아래 완전히 놓이게 된다. 신기하게도 Ace도 각 슈트의 성질에 휩싸이고 Ten도 그 성질에 휩싸인다. 차이는 Ace는 그 성질이 영혼의 중심에서 나의 전체를 흔든다. Ten은 그 성질이 나를 둘러싼 모든 곳에서 나에게 영향을 미치고 스며든다. 그래서 Ten에서 각 슈트는 그림 전체에 놓이게 되고, 사람들은 그 슈트 아래에서 일방적인 영향을 받게 된다. 그림의 사람은 배경과 상황의 일부분이 된다. 주도하거나 바꾸는 것이 아니고 받아들인다.

| Ten of Wands | Ten of Cups | Ten of Swords | Ten of Pentacles |
|---|---|---|---|
| - 주어진 모든 것에 의지를 불어 넣음 | - 주어진 것들에 감정을 교류하고 함께함 | - 생각이나 사고를 주도하지 못하고 따라야 함 | - 온전하고 체계적으로 짜여진 현실임 |

# Ten of Wands

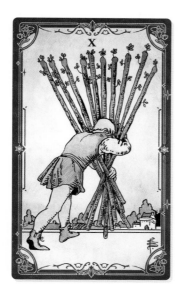

Ten of Wands에서 한 사람이 10개의 막대를 한꺼번에 쥐고 있는 모습이 나온다. 두 손으로 잘 갈무리하고 있다. 이는 자신의 의지, 힘들을 하나의 중심으로 잘 컨트롤 하고 있음을 보여준다. 그의 등이 굽어 있음은 이게 결코 쉽지 않다는 의미와 해내고 말겠다는 결단력을 보여준다. 막대로 앞이 가려져 있음은 당장의 일에 온 힘을 쏟고 있는 것이지 멀리 앞을 내다볼 수는 없는 것을 보여준다. 뒤의 건물은 이 사람을 보호해주는 안전한 영역을 나타낸다. 가운데 밭은 심은 대로 거두리라는 인과의 법칙을 보여준다.

이 상태에서 우리는 당장 나에게 닥친 모든 상황에 온 힘을 쏟아붓는다. 그럴 때 우리는 여유를 가지고 주변을 둘러보며 먼 미래를 생각하기 힘들다. 과도한 압력을 받는 상태일 수 있고 그 압력을 견디기 위해 온 힘을 쏟고 있는 상태일 수도 있다. 그의 발걸음은 느리지만 확실하게 한 걸음씩 나아가며 성장하고 있다.

의지가 완전히 현실화된 상태라는 것은 나의 힘을 100% 발휘하고 있다는 것이다. Wands는 주도적이고 자발적인 성질을 가지고 있기에, 내가 원하거나 예상하지 못한 상황이더라도 적극적으로 100% 힘을 발휘하며 상황을 이끌어 나간다.

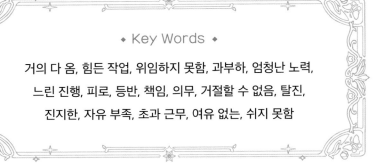

**◆ Key Words ◆**

거의 다 옴, 힘든 작업, 위임하지 못함, 과부하, 엄청난 노력,
느린 진행, 피로, 등반, 책임, 의무, 거절할 수 없음, 탈진,
진지한, 자유 부족, 초과 근무, 여유 없는, 쉬지 못함

**◆ 다양한 상황에서 Ten of Wands의 적용 ◆**

| 마음 상태 | 상황 | 인간관계 | 일 |
|---|---|---|---|
| 어떤 상황이든 최선을 다하고 적극적이다. 여유가 없고 시야가 넓진 못하다. | 해야 하는 일이 많은 상황이다. 다른 사람의 일까지 내가 해야 하는 상황일 수 있다. | 주도적이고 적극적이나 내 입장에서 노력한다. | 전문, 기술직같이 온전히 나의 힘으로만 해결해야 하는 일에 적합하다. |

# Ten of Cups

Ten of Cups에서 10개의 컵은 하늘의 무지개와 함께 있다. 무지개는 다양성, 경계를 연결하는 다리, 용서, 화해를 상징한다. 여기서 다양한 감정이 하나로 녹아들어 전체가 된다. 밑의 가족은 매우 친밀하고 화목한 상태를 나타낸다. 사람들이 다양한 색깔의 옷을 입고 있는데 다양한 내면의 상태가 무지개와 같이 하나로 어우러짐을 나타낸다. 배경의 강과 나무들은 원활한 감정의 흐름과 서로를 성장시켜주는 힘을 나타낸다. 높은 곳에 있는 집은 목표를 달성하고 안정된 상태를 유지하고 있음을 보여준다.

우리의 감정은 다양할 수 있으나 이는 결국 하나로 합쳐지는 성질을 지니고 있다. 모든 감정이 있는 그대로 다 드러난다면 우리는 서로를 이해하고 공감하며 하나 될 수 있을 것이다. 감추고 억압하고 왜곡하는 것에서 우리는 서로 불신하며 부정적인 감정에 빠져들게 될 것이다. 여기서는 가족끼리 서로의 감정을 편안하게 교류하듯이 내가 나를 둘러싸고 있는 환경과 사람들과 거리낌 없이 내면을 교류하고 있음을 나타낸다. 이는 편안함과 안도, 연결된 느낌을 불러올 것이고 우리 내면에 용기와 기쁨과 지혜를 샘솟게 할 것이다.

◆ 다양한 상황에서 Ten of Cups의 적용 ◆

| 마음 상태 | 상황 | 인간관계 | 일 |
|---|---|---|---|
| 적응력이 좋고 소탈하고 솔직하다. 편안한 성격이다. | 주변 환경과 잘 어울리고 있다. 안정적이고 만족스럽다. | 사람들과 깊이 있게 친하다. 벽이 없다. 마음을 열고 사람에게 다가가기에 쉽게 친해질 수 있다. | 같이 일하는 사람들과 화목하며 일하는 장소와 사람이 매우 친숙하다. 공사 구분을 잘 하지 못해서 문제가 생길 수도 있다. |

# Ten of Swords

Ten of Swords에서 10개의 칼은 사람의 머리에서 발까지 찌르고 있다. 이는 칼의 손잡이를 쥐고 내가 다루어야 하는데, 오히려 그것들에 휘둘리고 있는 상태를 나타낸다. 앞으로 누워 있음은 주도적으로 상황을 대처할 힘과 능력이 없는 상태임을 나타낸다. 사람이 흘리고 있는 피는 생명력, 활력이 누수되고 있음을 나타낸다. 붉은 천과 노란 옷으로 보면 이 사람은 열정과 에너지로 이 상황을 바꾸고 싶어 하나 그럴 수 없는 상태이다.

이성과 지성은 눈에 안 보이는 신의 섭리와 법칙을 이해하고 판단하는 데 쓰인다. 그러한 것이 규정되고 구체화 되어 제약을 받는다면, 다툼을 일으키는 요인밖에 되지 않는다. 인간이 바벨탑을 쌓으며 오만하게 신에게 도전할 때 신은 모든 언어를 다르게 함으로 사람들을 산산이 흩어지게 했다. 어떤 개념이 하나의 단어로 갇힐 때 이는 다른 단어를 배척하는 폭력으로 바뀌게 된다. 서로 옳다고 싸우는 사람들은 그 단어의 내용을 보지 않고 단어의 차이에만 집중한다. 공기는 보이지 않지만 모든 것을 감싸고 연결한다. 이성과 지성도 보이지 않을 때 자유롭고 모든 걸 감싼다. 구체화 되고 드러나면 더 이상 제대로 작동할 수 없다.

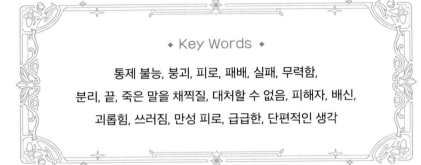

◆ Key Words ◆

통제 불능, 붕괴, 피로, 패배, 실패, 무력함,

분리, 끝, 죽은 말을 채찍질, 대처할 수 없음, 피해자, 배신,

괴롭힘, 쓰러짐, 만성 피로, 급급한, 단편적인 생각

◆ 다양한 상황에서 Ten of Swords의 적용 ◆

| 마음 상태 | 상황 | 인간관계 | 일 |
|---|---|---|---|
| 순간적으로 집중력이 있으나, 종합적인 시각이 부족하다. 산만하고 정신없다. | 상황에 대한 통제력을 상실한 상태이다. 우호적이지 않은 주변 환경이다. | 즉흥적이고 얕은 대화와 관계이다. | 단순하고 즉각적으로 처리해야 하는 일에 적합하다. 일을 통제 못하며 일에 휘둘린다. |

# Ten of Pentacles

Ten of Pentacles는 펜타클이 전면을 가득 채우고 있다. 이는 현실적인 틀이 나의 환경 전체를 감싸고 있음을 나타낸다. 펜타클의 배치는 생명의 나무 상징을 따르고 있는데 현실 세계는 무작위로 존재하는 것이 아니라 자연의 법칙에 따라 형성되고 존재함을 보여준다. 할아버지, 어른 남녀, 아이는 삼대를 나타내며 이는 위계와 질서가 있음을 나타낸다. 건물에 걸린 깃발과 문장 또한 가문을 상징한다. 이는 이러한 안정성이 굳건하고 지속됨을 보여준다. 건물 안에 있다는 것은 보호받고 있다는 것을 나타낸다. 개는 보호하고 지켜주는 것을 나타낸다.

물질과 현실을 나타내는 Pentacles이 모두 드러난 모습은 이 세상 그 자체를 나타낸다. 이 물질세계는 혼란스럽게 존재하지 않는다. 자연의 법칙을 따르며 각자의 위치에서 역할을 하면서 전체를 구성하게 된다. 어떻게 보면 우리는 이 세상이라는 가족, 가문의 한 일원일 것이다. 이 가문은 이 세상이 존재하는 한 영원히 지속되는 가문이다.

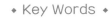

◆ Key Words ◆

영속성, 번성, 지위, 평판, 장기적, 견고한 기반, 보호, 유물론,
부, 풍요, 재산, 토지, 가계도, 조상, 자손, 전승, 전통, 관습,
의무, 지원, 기관, 기업, 오래된 가치, 구식, 보수적, 정착, 역할

◆ 다양한 상황에서 Ten of Pentacles의 적용 ◆

| 마음 상태 | 상황 | 인간관계 | 일 |
|---|---|---|---|
| 겸손하고 예의가 바르고 착실하다. 도전정신이 약하다. | 주변 환경이 안정되어 있으며, 큰 변화가 없다. 주변이 나를 보호하고 제약하고 있다. | 자신의 사람들과는 굉장히 친하다. 예상외의 인연이 잘 들어오지 않는다. | 소속감을 가지고 자신의 역할을 수행한다. (대기업, 공무원 등) |

# 마이너
# Court(인물)
# 카드

## 마이너 Court 카드 보는 법

마이너 카드는 대우주를 나타낸다. 나를 포함한 이 세상을 나타낸다. 마이너 카드에는 Pip 카드(숫자카드)와 Court 카드(인물카드)가 있다. Pip 카드는 객관적인 특정 상황을 나타낸다. 그 상황은 내면의 특정 상태를 불러온다. 그렇기에 카드 인물과 함께 그 인물을 둘러싸고 있는 상황이 함께 그려져 있다. 그러면서 상황과 그에 따른 내면 상태를 같이 그리고 있다.

Court 카드의 경우에는 특정 사람이 객관적으로 중요하게 역할을 하고 주변에 영향을 끼치는 상황을 나타낸다. 그 사람의 내면적 특성이 상황을 채색

한다. 그렇기에 카드는 인물 중심으로 나와 있고 그 인물은 주변 환경과 상호작용하는 것이 아니라 그 인물로서 오롯이 존재한다.

객관적인 특정 상황이 주된 영향을 끼치느냐? 특정 인물이 주된 영향을 끼치느냐?에 따라 Pip 카드가 나오는가 Court 카드가 나오는가가 결정된다.

다시 한번 크게 정리해보면, 메이저는 소우주를 나타내고 마이너는 대우주를 나타낸다. 즉, 마이너는 실질적으로 우리가 겪는 객관적인 내면적, 외면적 경험들을 이야기한다. 메이저는 주관적으로 개인이 그 경험을 어떤 식으로 인식하고 소화하고 반응하는가에 대한 이야기이다.

마이너 중 Pip 카드는 특정 내적 경험을 주는 객관적인 상황을 나타낸다. Court 카드는 특정 인물이 강하게 영향을 끼치고 있는 상태이며 그 인물에 대한 특성을 나타낸다.

메이저 카드에 나오는 마법사, 황제, 여황제, 교황카드 등 인물 카드를 해석할 때와 Court 카드의 인물을 해석할 때 헷갈릴 수 있다. 메이저 카드는 나의 내면의 중심에서 이 세상의 경험을 어떻게 받아들이고 반응하는가에 대한 매우 주관적이고 개인적인 중심에 관한 이야기이다.

Court 카드는 내가 현 상황에서 어떠한 식으로 영향력을 발휘하고 있는가이다. 이는 내 내면에서만 일어나는 것이 아니라 주변 상황이나 환경과 상호작용하고 영향을 끼친다. 즉, 이는 주관적인 나의 내면 상태를 이야기하는 것이 아니라 객관적인 나의 위치, 역할, 영향력을 이야기하는 것이다.

16장의 Court 카드는 16 사람 유형, 16 역할을 나타낸다. Court 카드를 성격으로 단정적 해석 하는 경우가 있는데, 타로는 그 사람의 불변하는 성격에 대해서 이야기하는 카드가 아니다. 현재 그 사람의 내면 깊숙한 부분부터 드러나는 부분까지 상징적인 그림으로 나타내준다. 이를 통해 현재 그 사람에 대해 깊이 있는 이해와 공감을 할 수 있다.

당연히 그 내면은 성격이나 처한 상황, 사람들 등 복합적인 요소로 구성되어 있다. 타로는 그것을 구분해서 보여주지 않고, 연결되어 있는 그대로 보여준다. 타로에서는 성격 때문이든 상황 때문이든 그 원인은 중요하지 않으며 현재 그러한 상태에 놓여있다는 것이 중요하다. 그렇기 때문에 Court 카드도 현재 그 질문에서 본인이 '특정 상태에 놓여 있고 그 상태로 주변에 행동하며 영향을 발휘하고 있다'고 봐야 한다. 그 특정 상태가 타고난 성격 때문일 수도 있고 일시적으로 현재 주변 상황과 상호작용을 할 때 특정 역할을 수행하고 있는 것일 수도 있다.

내가 타고나기에 엔터테인먼트 성격이어서 사람들을 즐겁게 하는 역할을 수행하고 있든, 현재 일시적으로 상황 때문에 사람들을 즐겁게 하는 역할을 수행하고 있든 현 상황에서 사람들을 즐겁게 하는 역할을 수행한다는 것이 중요하다.

성격으로 해석하면 '특정 카드를 그 사람의 불변적 상태로 정의'하게 된다.

타로는 가변하는 삶의 순간을 깊이 있게 파악하고 느끼기 위한 도구이다. 그렇기에 불변하고 고정되어있는 것을 바라보는 예술이 아닌 순간의 낚아채는 예술이다.

효과적인 상담을 위한 방편으로 '고정', '단정'하는 듯한 말을 쓸 수는 있는데, 카드의 느낌과 의미를 그렇게 받아들여서는 안 된다.

다시 말하지만, Court 카드에서 보여주는 위치, 영향력은 그 사람이 태어나서 죽을 때까지 변하지 않는 본질적인 성격을 말하는 게 아니다. 현재 질문에 해당하는 일정 기간, 일정 범위 안에서의 일시적으로 고정된 영향력을 의미한다.

마이너 카드는 구조를 생각하면서 봐야 한다. 그림만 가지고는 깊이 있는 이해가 쉽지 않다. Pip 카드는 숫자+슈트의 구조로 되어 있고, Court 카드는 직위+슈트의 구조로 되어 있다. 우리가 숫자 카드를 볼 때 숫자에 대해서 살펴보고 슈트 하나하나를 살펴봤다. 그렇듯 Court 카드도 직위에 대해 살펴보고 슈트 하나하나를 살펴보는 것이 좋다.

직위는 카드 한 장, 한 장을 살펴볼 때 더 자세하게 살펴보기로 하고, 먼저 슈트에 대해서 이야기를 해보자. 숫자 카드를 하기 전에 살펴봤던 4원소에 대한 이야기를 떠올리며 들으면 더욱 잘 이해가 될 것이다.

### Wands 인물 카드가 객관적으로 미치는 영향력

불, 의지와 관련이 있다. 일단 의지, 힘, 에너지가 매우 높다. 그리고 상황을 그런 의지, 힘 관점에서 받아들이고 반응하면서 주변에 영향을 끼친다. 의지는 발산하는 힘이기에 움직임과 관련이 있고, 행동과 관련이 있다. 또한 의지는 자신의 내면에서 나오는 것이기에 독립적이다. 상황에 휘둘리기보다는 자기 뜻으로 주도하려고 한다. 불은 빛과 열을 절제하거나 숨기지 않는다. Wands의 인물들도 자신의 내면을 참고 숨길 수 없기에 솔직하다.

매우 역동적으로 움직이게 되고 상황을 변화시키는 중심에 위치할 수 있다. 주변과 적극적으로 상호작용하며, 직접적으로 영향을 끼친다.

### Cups 인물 카드가 객관적으로 미치는 영향력

물, 감정과 관련이 있다. 감정은 무생물과 교류되지 않는다. 주변의 생명체들과 교류된다. 또한 감정이라는 것은 능동적인 작용을 하지 않는다. 수용적이며 수동적이다. 그렇기에 이 사람은 주변의 사람들과 매우 많은 영향을 주고받는다. 물은 하나로 섞이려 하는 것이 본래의 성질이다. 그렇기에 명확한 경계가 없으며, 경계로 분리되는 것을 좋아하지 않는다. 이 카드들도 주변의 환경, 사람들과 명료하게 분리되지 않으며 서로 깊이 있게 영향을 주고받으며 함께 움직이게 된다. 이 움직임이라는 것은 내가 주도하고 끌고 나간다는 것이 아니라 서로 섞이면서 자연스럽게 형성되는 내면의 흐름을 나타낸다. 그러한 섞임과 흐름에 저항하지 않는다.

매우 부드럽고 은밀하게 움직이게 된다. 상황에 녹아들고 큰 힘에 순응한다. 투쟁하거나 저항하지 않는다. 불만이 있더라도 서로 공감하며 자연스럽게 해결되기를 원한다. 드러내 놓고 문제를 들추지 않고 부드러운 방식을 선호한다.

## Swords 인물 카드가 객관적으로 미치는 영향력

공기, 지성, 이성과 관련이 있다. 이성적, 지성적이라는 것은 상황을 객관적으로 보고 판단한다는 의미이다. 이는 자신에 대해서도 객관적인 시각을 유지하려고 한다. 자신의 능력과 한계를 정확히 인식한다는 의미이기도 하다. 이로 인해 자신의 가능성을 제한할 수도 있지만, 만용으로 인한 실패나 피해를 최소화 할 수도 있다. 또한, 객관적이라는 말은 개인과 전체 사이의 균형 잡힌 태도를 말한다. 애매하고 불확실한 상황에서는 올바른 판단을 내릴 수 없다. 그래서 어떤 결정을 할 때 일단 상황에 대해서 올바르게 이해하기 위해 노력한다. 그리고 상황을 명료하게 파악했다면 올바른 판단을 내리려 할 것이고 이 판단은 나만을 위한 또는 타인만을 위한 판단이 아니라 모두를 위한 객관적으로 옳은 판단을 내리려 할 것이다.

매우 빠르고 명료하게 판단하고 그 판단에 따라 움직인다. 이치와 순리에 맞게 행동하길 원한다. 개인의 욕심이나 감정을 강하게 내세우지 않기에 초연해 보이거나 냉정해 보인다. 자신이 잘못했을 때 수긍이 빠르지만, 그렇지 않을 때는 꺾이지 않는다.

## Pentacles 인물 카드가 객관적으로 미치는 영향력

대지, 현실, 결과와 관련이 있다. 현실적이라는 것은 나를 둘러싼 환경에 거스르지 않고 어우러지며 움직인다는 의미이다. 이는 상황을 누리고 이용할 수 있는 능력이기도 하고, 현실적인 제약을 거스르지 않고 순응한다는 의미이기도 하다. 감정이나 생각은 변할 수 있으나, 물질은 쉽게 변하지 않는다. 그렇기에 이 사람들은 상황을 가볍게 생각하거나 태도를 쉽게 바꾸지 않는다. 현실적인 목표를 설정하길 원하고 시간이 걸리더라도 확실하게 달성하고자 한다. 이는 꾸준함, 성실함 등으로 나타나기도 하지만 융통성 없음, 창조적이지 않음으로 나타나기도 한다. 과거부터 드러났고 현재 드러나 있는 현실적 상황을 중요시 여기고 판단이나 행동의 근거로 삼는다.

주변을 살피고 신중하게 움직인다. 현실 상황의 제약을 명확하게 인지하고 움직이기 때문에 무리하지 않는다. 하지만 너무 소극적이거나 방어적일 수 있다. 일의 진척은 느릴 수 있으나 확실히 달성하고 유지하는 힘이 강하다.

★ ★ ★ ★ ★ ★ ★ ★

# King

King은 주변에 휘둘리지 않으며 주변을 다스리고 이끈다. 그리고 양적인, 남성적인 에너지가 강한데 자신의 영향력이 외부로 거리낌 없이 표출됨을 나타낸다.

King은 자신의 판단 기준에 따라서 상황을 주도한다. 그러한 대응이 매우 외향적으로 펼쳐진다.

King이 나온다는 것은 이 상황에 휘둘리는 것이 아니라, 자신의 내면의 중심을 잡고 상황을 주도하고 있음을 나타낸다. 매우 외향적으로 그 에너지가 발현되고 있고 주변 환경이나 사람들에게 영향을 끼치고 있다. 그 발현되는 에너지는 슈트마다 다르다. Wands는 나의 의지가 발현되며, Cups는 내가 중심이 되어 우리의 감정이 연결되고 Swords는 객관적인 이해, 판단으로 상황을 조율하고 Pentacles는 현실적으로 이 상황을 자신의 영역으로 만들어 다루려 한다.

| King of Wands | King of Cups | King of Swords | King of Pentacles |
|---|---|---|---|
| 의지, 힘, 열정, 에너지로 상황과 상대를 주도함 | 공감, 배려, 상대에 대한 통찰로 상황과 상대를 주도함 | 이해, 정확한 판단, 올바른 선택으로 상황과 상대를 주도함 | 현실적 힘, 풍요, 현실적 능력으로 상황과 상대를 주도함 |

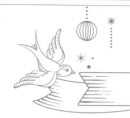

# King of Wands

King of Wands는 순수한 힘, 열정을 상
징하는 불꽃 왕관을 쓰고 있다. 그의 왕좌
에는 백수의 왕 사자가 그려져 있다. 불의
원소를 나타내고 양적인 에너지의 정수이
다. 또한 망토나 왕좌에 꼬리를 물고 있는
도마뱀이 있는데 이는 자기갱신, 스스로
의 완전성, 끊이지 않고 샘솟는 힘과 에너
지를 상징한다. 녹색은 생명과 성장을 나
타낸다. 그의 막대는 자신의 영역을 벗어
나 있는데 이는 새로움에 대한 갈구를 나
타낸다. 그림 밑의 도마뱀은 죽음과 부활
의 상징이다.

주변의 힘에 동조하거나 휘둘리지 않는다. 자신의 힘과 의지로 중심을 잡
고 상황에 영향을 끼친다. 그는 외부의 어떤 힘, 사상, 물질, 흐름에도 굴복
하지 않는다. 오직 자신의 내면에서 우러나오는 순수한 충동에 따라 행동할
뿐이다. 우리는 보통 그 충동을 직관이나 의지라고 부른다.

◆ Key Words ◆

역동적, 강력함, 목표 설정자, 활기찬, 자발적, 영웅, 용기, 활력,
카리스마, 열망, 자신감, 대담함, 창의적, 영감을 주는, 혁신적,
열정적, 긍정적, 낙관적, 열렬함, 솔직함, 독단적, 이행됨

◆ 다양한 상황에서 King of Wands의 적용 ◆

| 마음 상태 | 인간관계 | 일 | 학업 |
| --- | --- | --- | --- |
| 주도적, 적극적이고 솔직하며 추진력이 강하다. | 관계를 리드한다. 마음을 표현하는 것이 솔직하고 적극적이다. | 주인 정신을 가지고 일한다. 일에 대한 권한을 갖는다. | 독학을 선호하며 특정 분야에 대한 전문적 시험에 유리하다. |

# King of Cups

KING of CUPS

King of Cups는 복장이 다양한 면을 가졌는데 이는 자신을 그 상황에 맞게 다양한 방식으로 드러내는 것을 나타낸다. 왕좌가 물 한가운데 있는데 이는 어떤 상황에서도 내면의 균형을 찾고 흔들림이 없음을 나타낸다. 오른손에 컵을 들고 있음은 감정을 적극적으로 다룬다는 것을 나타낸다. 컵을 들고 있는 손의 반지는 보호와 합일을 나타낸다. 뒤의 왼쪽의 거대한 물고기는 혼돈을 나타내고 오른쪽 배는 구제자, 보호자를 상징한다.

주변의 감정, 흐름에 잘 어우러지고 녹아드나 중심이 흔들리지 않는다. 적극적으로 주변 사람의 마음을 헤아리고 함께한다. 자기를 둘러싼 환경과 깊이 연결되어 함께하려 한다. 하지만 그 안에 매몰되어 자신을 잃어버리거나, 함정에 빠져 헤매지 않는다. 오히려 혼란스러워하는 다른 사람을 건질 수 있는 능력이 있다.

### ◆ Key Words ◆

깊은 지혜, 평온, 배려, 친절, 사랑, 배려, 예민, 동정,

보호, 관용, 비 판단, 조화, 평화 유지자, 훈련된 감정, 보류,

포괄적인, 세심한, 직감, 비밀, 상담사, 현자, 호스트

### ◆ 다양한 상황에서 King of Cups의 적용 ◆

| 마음 상태 | 인간관계 | 일 | 학업 |
|---|---|---|---|
| 주변의 미묘한 흐름과 분위기를 잘 파악한다. | 상대를 배려하고 돕는다. 서로 불편한 상태를 견디지 못하며 편하게 만든다. | 사람들을 관리하거나 여러 불만 사항을 처리하는 일(인사관리, 영업 관리, 고객센터, 상담사 등)에 잘 어울린다. | 주변 분위기에 맞춰 공부한다. 주변 사람의 기대에 부응하려 한다. |

# King of Swords

King of Swords의 왕좌에는 나비와 바람의 요정이 새겨져 있다. 이는 대기 원소, 변형, 변태, 자유로움을 나타낸다. 그의 왕좌는 높은 산 위에 높여 있다. 이는 상황을 넓게 명료하게 보고 있음을 나타낸다. 왕관의 천사는 그의 지성이 진리에 맞닿아 있음을 나타낸다. 그의 옷은 간결한데 이는 그의 내면이 혼란스럽지 않음을 나타낸다. 손이나 망토 안쪽의 주황빛은 그의 열정과 힘이 절제되고 감추어져 있음을 알 수 있다. 외부의 보랏빛 망토는 권위와 힘을 상징한다. 약간 기울어진 칼은 지성이 예리함 뿐만 아니라 유연함까지 갖추고 있음을 나타낸다.

상황을 이성을 통해 객관적으로 다룬다. 주변의 의견이나 생각을 명료한 관점으로 편견 없이 듣고 이해하려 한다. 자신의 개인적인 욕망이나 감정을 절제하며 초연한 태도를 유지한다. 그는 강력하고, 명확하고 예리한 이성의 힘을 사용하여 상황을 파악하고 최선의 길을 찾는다.

◆ 다양한 상황에서 King of Swords의 적용 ◆

| 마음 상태 | 인간관계 | 일 | 학업 |
| --- | --- | --- | --- |
| 이성적이고 합리적이다. 현 상황을 정확하고 확실히 판단한다. | 다양한 사람에게 마음이 열려 있다. 두루두루 잘 어울리나 집착하지 않는다. | 자기 일에 대한 확실한 이해와 능력을 가지고 있다. | 자기가 부족한 부분을 객관적으로 파악하고 있으며, 스스로 학습계획을 세울 수 있다. |

# King of Pentacles

King of Pentacles의 왕좌에 황소 조각은 땅의 원소, 풍요, 남성적 출산력, 왕의 위엄을 나타낸다. 옷과 주변 환경의 포도는 풍요를 나타낸다. 뒤의 담이나 성은 자신의 영역이 튼튼하고 안전함을 보여준다. 그가 입은 갑옷과 오른손에 든 홀은 자신의 영역에 대한 강력한 통치권을 의미한다. 발아래 동물의 머리를 밟고 있는 것은 안전을 위협하는 것은 용납하지 않음을 나타낸다.

주변의 상황에 위축되거나 휘둘리지 않으며, 자기만의 페이스를 유지한다. 지금 현 상황에 영향을 끼칠 수 있는 현실적인 힘과 영역을 소유하고 있다. 그 지배권은 확실하며 그는 안전하다. 불확실한 위험을 감수하지 않으며, 안전하고 확실한 방식을 선호한다. 황소와 같이 느릴지언정 확실하게 자신의 영역을 확장 시켜 나간다.

## ◆ 다양한 상황에서 King of Pentacles의 적용 ◆

| 마음 상태 | 인간관계 | 일 | 학업 |
|---|---|---|---|
| 편안하고 안정적이다. 여유가 있으며 확신이 있다. | 관대하고 베푸는 것을 좋아하며 신뢰가 있고 한결같다. 서로에게 이익이 되는 관계를 좋아한다. | 자기가 잘 할 수 있는 일에 집중한다. 현실적인 결과에 신경을 쓴다. | 현실적으로 효과적인 학습법으로 공부한다. 이론적, 추상적인 것보다는 현실에 곧장 적용할 수 있는 지식을 선호한다. |

★ ★ ★ ★ ★ ★ ★

# Queen

Queen은 King과 같이 주변에 휘둘리지 않는다. 하지만 King과는 다르게 음적인, 여성적인 에너지가 강하다. 이는 영향력이 안으로 향한다는 말이다. 그렇게 되려면 영역이 있어야 하며 그 주도권은 영역 안에 머문다.

Queen은 자신의 판단 기준에 따라서 상황을 주도한다. 그러한 영향력이 매우 내향적으로 펼쳐진다. Queen은 자신의 영역에 대한 지키는 힘이 강하다. 보호하고 유지한다.

Queen은 King과 같이 상황에 휘둘리지 않고 내면의 중심을 잡고 상황을 주도하고 있다. 하지만 그 기운은 갈무리되어있어 특정 영역 안에서 발현되고 밖에는 영향을 끼치지 않는다. 그 영역은 슈트마다 다르다. Wands는 자신의 의지가 향하는 방향이며, Cups는 자신의 내면과 감정적으로 깊이 있게 연결되어 있는 영역이며, Swords는 자신의 이성이 명료하고 올바르게 작용하는 범주이며, Pentacles는 현실적으로 나의 영향력 아래 있거나 나의 소유권 아래 있는 영역을 나타낸다.

| Queen of Wands | Queen of Cups | Queen of Swords | Queen of Pentacles |
|---|---|---|---|
| 힘들고 어려운 환경에서도 의지, 힘, 열정, 에너지를 지키고 보호함 | 공감, 배려, 희생으로 자신의 마음과 감정, 관계를 지키고 보호함 | 명료한 이해, 합리적 선택, 정확한 판단으로 순수한 이성을 보호함 | 자신의 영역, 현실적 한계에 대한 정확한 지각, 뛰어난 관리능력으로 현실의 안정과 풍요를 보호하고 지킴 |

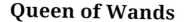

# Queen of Wands

Queen of Wands의 노란 옷은 활기차고 따뜻한 내면을, 흰색 망토는 순수한 의도를 상징한다. 등받이의 해바라기나 손에 든 해바라기는 태양의 힘, 열광과 직관을 쫓음을 나타낸다. 사자 두 마리는 서로의 열정이 화합함을 나타낸다. 검은 고양이는 길들여지지 않는 성질과 직관적인 능력을 상징한다.

배경이 막대가 있는 왼쪽은 밝은 사막의 높은 세 개의 언덕이고 해바라기가 있는 오른쪽은 회색빛의 죽은 땅이다. 이는 내가 중심을 잡고 주도적으로 상황을 이끌 때 성취가 있을 것이고 남을 쫓으면 실패할 것을 암시한다.

King에 버금가는 열정, 의지가 있으나 주변 상황이나 사람을 신경 쓴다. 의지를 하나로 모아 협력하기를 원한다. 그러한 의도를 성취하려면 외부의 힘에 휘둘리지 말고 내면의 힘과 직관으로 중심 잡아야 한다.

---

◆ Key Words ◆

유능함, 강력함, 독립적, 자발적인, 모험적, 야심 찬, 진취적인,

비전적, 영감을 주는, 매력적, 열정적, 활기차고, 따뜻함,

친절, 자비, 도움이 됨, 관여됨, 낙관적, 햇살

---

◆ 다양한 상황에서 Queen of Wands의 적용 ◆

| 마음 상태 | 연애 | 일 | 학업 |
|---|---|---|---|
| 의지가 강하고 주변을 신경 쓴다. | 적극적이고 상대방과 함께 열심히 하려 한다. 활력을 공유하길 원한다. | 리더십이 있으며, 다른 사람과 함께 열심히 하려 한다. | 뚜렷한 방향성을 가지고 지속적으로 노력한다. |

# Queen of Cups

QUEEN of CUPS

Queen of Cups의 컵은 다른 컵보다 화려하고 크다. 이는 그녀의 감정이 매우 풍부하고 영감이 있다는 것을 나타낸다. 컵에 온전히 몰두하고 있음은 자신의 내면과 연결된 사람들에게 깊이 하나 되어 있고 빠져 있음을 나타낸다. 입고 있는 흰색 옷은 마음의 동기의 순결을 암시한다. 그녀의 왕좌의 인어와 물고기는 물의 원소를 상징한다. 위의 큰 조개는 자신을 잘 드러내지 않고 방어함을 나타낸다. 배경의 절벽은 현실과 단절된 채 자신의 감정이나 내면에 빠져 있음을 나타낸다.

자신의 내면이나 내면에 영향을 끼치는 가까운 사람들과 매우 깊이 있게 연결되어 있다. 태도가 매우 조심스러울 수 있는데 이는 내면의 평화와 순수한 마음이 외부의 영향으로 깨지거나 흔들리는 것을 거부하기 때문이다. 자신의 영역 안에 감정, 연결, 인간관계에 대한 헌신이나 희생이 있을 수 있다. 익숙하고 편안한 것, 나의 내면 깊이 연결되어 있는 것에 대해서만 관심이 있을 수 있다.

◆ Key Words ◆

정서적, 사랑, 부드러움, 예민함, 온화함, 배려, 연민, 양육,

다정한, 충실한, 헌신적, 묵상, 비현실적, 섬세한, 연약함, 부끄러움,

조용함, 수동적, 고결, 수용, 영감을 주는, 힐러, 카운슬러

◆ 다양한 상황에서 Queen of Cups의 적용 ◆

| 마음 상태 | 인간관계 | 일 | 학업 |
|---|---|---|---|
| 조심스러우며, 조용하고 깊이 느끼고 느낌을 간직한다. | 낯선 상대를 수줍어한다. 마음이 가는 상대에겐 굉장히 집중하고, 조심스럽다. | 사람들의 마음을 깊이 있게 신경 쓰는 일에 적합하다. 조용히 자신이 맡은 일에 마음을 쏟는다. | 조용히 집중해서 공부하나 편협해질 위험이 있다. |

# Queen of Swords

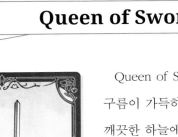

Queen of Swords는 여왕의 몸 주위에 구름이 가득하나 머리, 손, 칼은 구름 위 깨끗한 하늘에 솟아 있다. 이는 혼란스러움에 영향을 받지 않는 명료한 마음과 태도를 나타낸다. 머리 위로 높이 날고 있는 한 마리의 새는 그녀의 높은 이상, 원칙 그리고 독립성을 나타낸다. 구름 망토, 왕좌의 천사, 새, 나비는 공기 원소를 상징한다. 왕관의 나비는 그녀의 이성과 지성은 타고난 것보다는 삶 속에서 체득하며 발전해 온 것임을 나타낸다.

상황을 이성적으로 매우 명료하게 본다. 혼란 속에서 흔들림이 없다. 자신의 생각, 판단을 지키고 유지하는 힘이 매우 뛰어나다. 경험에 의해 쌓인 판단력이 있다. 그의 마음은 매우 강력하고 단호하기에 흔들거나 뚫고 들어가기 쉽지 않다.

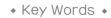

◆ 다양한 상황에서 Queen of Swords의 적용 ◆

| 마음 상태 | 인간관계 | 일 | 학업 |
| --- | --- | --- | --- |
| 냉정하고 단호하다. 적극적이지 않다. | 자기만의 기준이 확실하고, 기준에 어긋나거나 미달일 경우 확실히 대처한다. | 자기 일에 대한 전문성이 있으나 새로움에 대한 도전이 없을 수 있다. | 자신의 한계와 문제를 파악하고 있으며, 자신이 잘하는 방식으로 공부하고 판다. |

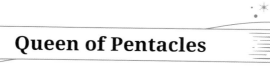

# Queen of Pentacles

염소, 배와 사과가 조각된 왕좌에 앉아 있다. 이는 풍요로운 기반을 나타낸다. 배경에 나무, 꽃, 산, 호수 및 동물은 자연, 지구를 나타낸다. 이는 대지의 원소를 상징한다. 또한 주변이 안전함을 나타낸다. 녹색 망토도 주변 자연, 물질세계와 연결됨을 보여준다. King처럼 건물이나 담이 아닌 것은 주어진 상황과 연결되어 있고 순응함을 나타낸다. 무릎 위에 펜타클을 올려놓고 두 손으로 받치고 몰두하고 있다. 이는 그녀가 소중히 여기는 소유한 모든 것을 나타낸다. 그리고 그것에 매우 집중함을 나타낸다.

주변 상황이나 환경과 자연스럽게 조화를 이루고 있으나, 자신의 영역, 소유에 더욱 집중한다. 이를 관리하고 키워나가는 것에 관심이 있다. 내 것이 아닌 것에는 관심이 없기에 새로운 기운, 변화에 관심이 없을 수 있다. 기존의 나의 영역과 소유를 유지하고 발전 시켜나가는 데에만 관심이 있을 수 있다. 만약 Queen of Pentacles의 관심을 받고 싶다면 그녀의 영역과 소유권 안으로 확실하게 들어가야 할 것이다. 애매하거나 불안전한 태도로는 결코 그녀의 마음을 얻을 수 없다.

**◆ Key Words ◆**

관리, 유지, 일관성, 보수적, 도전하지 않는, 소유물, 안정성,
체계적인, 질서 있는, 확신, 신중함, 검소함, 안전, 전통적, 근면함,
단호함, 신뢰, 확고함, 환경, 자연, 보존, 보호, 치료자

### ◆ 다양한 상황에서 Queen of Pentacles의 적용 ◆

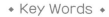

| 마음 상태 | 인간관계 | 일 | 학업 |
|---|---|---|---|
| 신중하고 현 상태에 만족한다. 새로운 것보다 있는 것을 지키고 관리한다. | 벽이 있다. 수동적이며 소극적이나, 시작하면 오래간다. | 새로운 것을 받아들이는 것을 힘들어한다. 해 왔던 방식대로 지속한다. | 생활습관과 공부패턴을 잘 관리한다. 꾸준하게 학업 수준을 유지한다. |

# ★ ★ ★ ★ ★ ★ ★ ★ ★
# Knight

Knight와 Page는 King, Queen과 다르게 주변 환경의 영향을 받는다. 하지만 Knight는 일방적으로 휘둘리거나 따르지 않는다. 적극적으로 주변 환경과 상호작용하고 어우러지면서 자신의 의도를 관철시키려고 한다.

Knight는 외부상황의 인식을 기반으로 반응한다. 그러한 반응이 매우 외향적으로 펼쳐진다.

Knight는 상황에 적극적으로 부딪치며 자신의 힘을 증명한다. 그에 따라 상황을 주도하기도 하고, 따르기도 한다.

슈트에 따라 양상이 다르다. Wands, Swords의 경우에는 주도적으로 움직임이 먼저 일어나고 그 후, 상황에 대한 인식의 적응이나 조정이 일어난다. Cups와 Pentacles는 상황에 대한 인식이 일어나고 그 뒤에 주도적으로 움직일지 수동적으로 움직일지가 결정된다.

| Knight of Wands | Knight of Cups | Knight of Swords | Knight of Pentacles |
|---|---|---|---|
| 자신의 힘, 열정, 에너지를 솔직하게 드러내고 적극적으로 부딪친다. 내 뜻대로 안 되더라도 다시 부딪친다. | 유연하고 부드럽게, 주변과 잘 어울린다. 상황에 따라 자연스럽게 분위기를 주도하기도 하고 따르기도 한다. | 빠르고 확실하게, 자신의 생각과 이론을 명료하게 표현하며 상황과 부딪친다. 그에 따른 결과에 승복이 빠르고 확실하다. | 자신의 한계와 능력을 확실히 인식하고 있다. 그렇기에 주변과 부딪치지 않는다. 확실하고 안전하게 자신의 현실적인 능력, 역량을 드러낸다. |

# Knight of Wands

그의 팔은 불이 붙은 것처럼 타오르고 있다. 이는 의지, 열정이 매우 강렬하게 드러남을 보여준다. 머리의 큰 빨간 깃은 이성보다는 본능, 직관의 지배를 받는다는 것을 보여준다. 말이 앞발을 들고 있는 것은 언제든지 시작할 준비가 되어 있다는 것을 나타내고, 자신의 힘과 열정이 너무 강해 통제가 쉽지 않음을 암시한다. 그가 장갑을 끼고 막대를 들고 있는 것도 힘과 열정이 강력하여 통제가 쉽지 않음을 나타낸다. 그의 고삐 줄에는 식물 싹이 표시되어 있는데 이는 생명력과 성장을 나타낸다. 그가 걸친 옷은 불꽃과 같고, 세련되지 못하는데 표현이 거침을 나타낸다. 옷에 불도마뱀은 어떤 것은 꼬리를 물고 있고 어떤 것은 물고 있지 않다. 이는 열정이나 의지가 지속됨의 불안정을 상징한다. 뒤의 3개 모래 산은 뚜렷한 목표 의식과 달성 가능성을 암시한다.

어려운 상황이든 쉬운 상황이든 온 힘을 다해 정면으로 맞선다. 그는 내면을 감추거나 억누르지 않는다. 적극적으로 열정과 의지를 표현한다. 그로 인해 자신이 부서질 때도 있으나 멈추지 않는다. 그는 패배를 간직하지 않으며 항상 새로운 전투에 도전하는 투사와 같다.

 다양한 상황에서 Knight of Wands의 적용 ◆

| 마음 상태 | 인간관계 | 일 | 학업 |
| --- | --- | --- | --- |
| 충동적이고 전투적이다. 마음먹으면 즉시 해야 한다. 겉치레를 싫어한다. | 저돌적이며 적극적이다. 상대를 배려하는 게 약할 수 있다. | 도전적이고 적극적이다. 지루한 일을 싫어한다. | 이론으로만 익히는 것보다 현실에 적용하며 익히길 원한다. 이론보다 실전에 강하다. |

# Knight of Cups

Knight of Cups의 옷은 붉은 물고기가 푸른 물결을 따라 유유히 헤엄치고 있다. 이는 주변의 감추어진 흐름을 읽고 조화롭게 움직임을 나타낸다. 또한 열정과 감정의 조화를 나타낸다. 그의 손은 잘 보이지 않지만, 고삐를 잡고 말의 머리를 잘 통제하고 있다. 이는 자신의 본능을 절제할 수 있는 힘이 있음을 보여준다. 고삐의 줄에 물결무늬 천이 매달려 있는데 태도나 행동의 유연함을 나타낸다. 신발의 날개가 있는데 민첩하게 경계를 넘나들 수 있음을 나타낸다.

주변의 흐름에 맞서거나 저항하지 않는다. 그렇다고 일방적으로 눌리거나 따르지도 않는다. 조화를 이루는 것을 중요하게 생각하며, 나설 때와 물러섬이 매우 자연스럽고 유연하다. 그는 지는 싸움을 하지 않으며, 만약 질 것 같으면 그전에 자연스럽고 민첩하게 그 영역을 떠난다.

♦ 다양한 상황에서 Knight of Cups의 적용 ♦

| 마음 상태 | 인간관계 | 일 | 학업 |
|---|---|---|---|
| 어떤 분위기에서든 잘 맞추고 대응한다. 부드럽고 온화하다. | 상대에 잘 맞춰준다. 밀고 당기기를 잘한다. | 사람들과 잘 어울리며, 무난하게 일한다. | 주변의 기대에 부응하고 잘 어울린다. |

# Knight of Swords

그의 옷과 말을 감싼 천에 앉은 새가 있다. 이는 공기 원소를 상징하고 움직임이 절제되어 있음을 나타낸다. 그의 고삐 줄에는 날아가는 새가 일렬로 그려진 천이 걸려있다. 이는 행동이 매우 자유롭고 빠름을 나타낸다. 주변의 구름은 격렬한 바람을 나타내며 불안정한 상황을 나타낸다. 머리에 붉은 깃털은 이성의 작용이 매우 활발하게 일어나고 있음을 보여준다. 한 손에 장갑을 끼고 고삐를 잡고, 한 손엔 맨손으로 검을 쥔 것은 신중함과 격렬함을 동시에 지니고 있음을 나타낸다. 말의 자세와 다리, 발의 날카로움을 보아 움직임, 행동, 태도가 매우 명료하고 내면이 잘 훈련되어 있음을 보여준다.

객관적으로 잘못된 상황을 가만히 두지 않는다. 즉각적으로 움직이고 시정하려고 할 것이다. 그는 상황을 명확하게 파악할 때까지는 잠깐 기다릴 수 있으나 판단이 끝나서 표현을 할 때에는 매우 명료하고 확실하게 그리고 빠르게 말하고 행동할 것이다. 결정은 단호하며, 애매함이 없다. 새로운 것에 대한 두려움, 패배에 대한 두려움 또한 없다. 패배 또한 자신을 성장시키리라는 확신이 있기 때문이다.

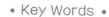

◆ Key Words ◆

직접적, 쿨, 신속한, 액션, 문제 해결자, 실행 계획, 전략,

빠른 생각, 예리함, 결정적, 전문가, 야심적, 위험 감수자, 지적인,

토론자, 분석적, 논리적, 영리한, 날카로운, 재치 있는, 논쟁

◆ 다양한 상황에서 Knight of Swords의 적용 ◆

| 마음 상태 | 인간관계 | 일 | 학업 |
|---|---|---|---|
| 결정과 판단이 빠르다. 합리적이다. | 빠르게 반응하나 너무 이성적이어서 연애에 취약하다. | 일에 대한 적응력과 습득력이 좋고 일 처리가 정확하며 빠르다. | 단기적으로 좋은 결과를 낼 수 있다. 문제 해결 능력이 뛰어나다. 장기적인 지속력이 약할 수 있다. |

# Knight of Pentacles

그의 투구 위의 풀과 말 머리의 풀을 보면 순리를 거스르지 않고 순리를 따름을 보여준다. 그의 말은 멈춰있는데 이는 섣부르게 움직이지 않음을 나타내기도 하고 본능과 힘을 확실하게 통제하고 제어함을 나타내기도 한다. 검은 말은 그의 본성이 겉으로 잘 드러나지 않음을 나타낸다. 배경의 밭은 정제되고 정리된 상황을 나타낸다. 즉, 준비하지 않은 채로 행하지 않는다. 복장과 말의 띠들이 붉은색을 띠고 있음은 행동에 힘이 있음을 나타낸다. 장갑을 낀 손으로 펜타클을 들고 있는데 그가 현실과 상황을 다루는데 신중하고 조심스러움을 나타낸다.

현실적으로 상황을 바라보고 자신의 한계와 영역을 명확하게 지각한다. 불확실하고 예상하지 못한 일을 싫어하고, 자연스럽고 매끄럽게 일이 진행되기를 원한다. 그래서 시작하기 전에 확실하게 준비하고 위험을 대비한다. 자신에게 주어진 역할이나 책임을 회피하지 않는다. 분수에 넘치는 일은 하지 않기에 도전 의식이 약해 보이나 주어진 일은 최선을 다하기에 열정과 힘은 충분하다.

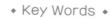

• Key Words •

근면, 대단한 노력, 보상에 대한 수고, 수익성, 신중함, 야심찬,
직위, 비즈니스 맨, 미래에 대한 투자, 숙련, 목표, 실용적, 수완,
체계적, 끈기, 충성, 신뢰, 책임감, 정직한, 예측 가능

◆ 다양한 상황에서 Knight of Pentacles의 적용 ◆

| 마음 상태 | 인간관계 | 일 | 학업 |
|---|---|---|---|
| 책임감이 강하고 성실하다. 주어진 상황에 최선을 다한다. | 지속적이며 한결같다. 상황을 살피며 무리하지 않는다. | 주어진 일에 집중하며, 자신의 권한을 확실히 인지한다. | 주어진 상황에서 최선의 효과와 결과를 내기 위해 노력한다. 꾸준하다. |

# Page

Page는 Knight와 같이 주변 환경의 영향을 받는다. 하지만 Knight처럼 환경의 흐름을 거스르거나 맞대응하지 않고 순응하며 따른다. 외부의 상황을 내면적으로 체화하려 노력하고 그럼으로써 하나의 흐름을 갖기를 원한다.

Page는 외부상황의 인식을 기반으로 반응한다. 그러한 반응이 매우 내향적으로 펼쳐진다.

Page는 상황에 대해 인식하고 함께 따르면서 움직인다.

| Page of Wands | Page of Cups | Page of Swords | Page of Pentacles |
|---|---|---|---|
| 상황의 방향에 발맞춰 자신의 의지, 열정을 펼친다. | 주변의 분위기에 영향을 강하게 받으며 상황에 맞춰간다. | 조심스럽게 이해하고 파악해 가면서 상황에 맞춰간다. | 상황에 순종하고 눈앞에 현실을 보면서 상황에 맞춰간다. |

# Page of Wands

그의 옷에 그려진 도마뱀은 불의 원소를 상징한다. King이나 Knight와 달리 원 모양이 아니다. 이는 열정과 의지의 영속성이 상대적으로 짧을 수 있음을 나타낸다. 그의 시선은 막대 위 너머를 향해 있다. 미래에 대한 낙관성을 나타낸다. 그는 여행용 망토를 두르고 있는데 이는 도전 의식을 나타낸다. 모자와 정 가운데 붉은 깃털은 정리된 생각 속에 빛나는 의지를 나타낸다. 뒤의 3개의 산은 명료한 방향성과 안정된 환경을 나타낸다.

상황에 낙관적, 열정적으로 반응한다. 변화를 주도하지는 않더라도 변화를 거부하지 않는다. 적극적으로 그 변화 속에서 움직이고 성장한다. 상황의 방향과 나의 내면의 방향이 일치한다. 그렇기에 나의 의지와 열정은 막힘없이 뻗어 나갈 수 있다. 하지만 강한 비바람에는 그의 불이 꺼질 수도 있다.

◆ Key Words ◆

시작, 신선한, 모험, 탐험, 발견, 여행, 새로운 방향, 진취적인,

영감, 비전, 젊음, 열린 마음, 호기심, 관심, 용감한, 열정, 경외,

숭배, 가능성, 낙관적, 긍정, 큰 잠재력, 재미, 견습생

◆ 다양한 상황에서 Page of Wands의 적용 ◆

| 마음 상태 | 인간관계 | 일 | 학업 |
|---|---|---|---|
| 밝고 솔직하며, 긍정적이다. 즐겁고 낙관적이다. | 즐겁게 주변과 어울린다. 열정적이고 적극적이며 솔직하다. | 바라는 방향이 뚜렷하며, 적극적이다. | 현재 주어진 상황에서 열정을 발휘한다. |

# Page of Cups

컵의 물고기는 자신의 내면을 솔직하게 겉으로 드러내는 것을 나타내고, 나의 내면을 통제하지 못하는 상태를 나타낸다. 그의 모자는 꼭 물결이 치며 넘쳐흐르는 것처럼 나타나 있다. 이는 감정의 지배를 받고 어디로 튈지 모르는 상태를 나타낸다. 배경의 물이 자신의 영역을 침범하지 않는 것은 위험으로부터 떨어져 있음을 나타낸다. King의 왕좌가 물 가운데 있는 것과 대조된다. 옷과 꽃에 흰색, 붉은색이 옅게 표현됨은 그의 열정과 순수함이 명료하지 않게 섞여 있음을 나타낸다. 옷의 꽃이 위로 경쟁하듯 피어 있음은 즐거움과 행복을 추구함을 나타낸다.

상황에 솔직하게 감정적으로 반응한다. 즐겁고 편안한 상태를 유지하고 싶어 하며, 상황이 불편해 지면 거리를 두거나 떠날 것이다. 그의 행동은 유쾌하고 즐거울 수 있으나 너무 가벼울 수 있다. 상황이 좋다면 더할 나위 없이 그 상황을 누리고 주변과 잘 어울릴 것이다.

◆ Key Words ◆

기쁨, 열린 마음, 긍정, 친밀함, 호감, 이상주의적, 순진함,

속기 쉬운, 취약함, 감상적, 동정, 감동, 비판단, 숭배, 시적인,

유행, 스타일리시, 화려한, 파티, 가십, 무대, 연기, 노래, 판타지

◆ 다양한 상황에서 Page of Cups의 적용 ◆

| 마음 상태 | 인간관계 | 일 | 학업 |
|---|---|---|---|
| 경쾌하고 가볍다. 분위기에 영향을 받으며 감정표현이 솔직하다. | 주변 사람과 즐겁게 잘 어울리나 관계가 가벼울 수 있다. | 사람들과 잘 어울리나 깊이 있게 집중하지 못한다. 영업, 안내, 서비스 등에 어울린다. | 주변의 영향을 많이 받기에 집중하기 어렵다. |

# Page of Swords

칼을 몸 뒤쪽으로 두고 있다. 이는 자신의 생각, 이성을 우선하지 않음을 나타낸다. 자세는 한 발을 내딛고 있다. 이는 상황에 적극적으로 참여하지 않고 탐색 중임을 나타낸다. 칼의 끝이 그림에 나와 있지 않다. 아직 생각이 완전히 정리된 상태가 아님을 나타낸다. 높은 위치에 서 있는데 안전한 위치에서 상황을 파악하고 싶어 함을 보여준다. 바로 얼굴 앞에 구름이 있는데 명료하게 상황을 보고 있지 못하는 상태임을 나타낸다.

적극적으로 상황에 참여하지 않는다. 약간의 거리를 두고 상황을 탐색하고 있다. 이성과 지성으로 상황을 파악하고 통제 하고 싶으나 그의 힘이 아직 미치지 못하고 있다. 상황을 온전하게 이해하기 전까지 결정을 유보하고 상황에 따라 중간에 판단을 바꿀 가능성이 있다.

계획, 경계, 인내, 정신적 도전, 분석적 사고, 철저한, 까다로운,

진지함, 임상적, 스트레스, 걱정, 우려, 불안, 동요, 예리한,

학업, 학자, 연구, 배우기, 시험, 감시

◆ 다양한 상황에서 Page of Swords의 적용 ◆

| 마음 상태 | 인간관계 | 일 | 학업 |
|---|---|---|---|
| 판단을 내리는데 조심스럽고 신중하다. 자신감이 약할 수 있다. | 상대방에 반응을 모두 확인한 뒤 움직이려 한다. | 일을 확실히 익히고 움직이려 하기에 늦다. | 지속적으로 공부하고 익히려는 습성이 있다. 이론으로만 치우칠 수 있으니 조심해야 한다. |

# Page of Pentacles

펜타클을 두 손으로 높이 들고 있다. 이는 주어진 현실에 매우 집중하고 따르고 있음을 나타낸다. 뒤의 나무들은 성장하고 있음을 나타내고 앞의 밭은 자신이 통제 할 수 있는 영역이 존재함을 나타낸다. 그의 모자는 Page of Cups의 모자와 유사한데 색깔이 붉은색이다. 이는 열정과 에너지에 휩싸여 있는 상태를 나타내고, 자신의 욕망을 솔직히 드러내고 그에 따라 움직임을 나타낸다. 그가 디디고 있는 바닥은 꽃이 핀 잔디밭인데 이는 자신을 둘러싼 환경과 편안한 관계를 맺고 있음을 나타낸다. 뒷발을 들고 펜타클을 보는 것은 미래에 대한 기대감을 나타낸다.

상황에 순응하고 주어진 환경에서 최선을 다한다. 시야가 넓거나 깊지는 않지만 솔직하고 성실하다. 눈에 보이고 만져지는 목표가 중요하다. 자신에게 주어진 역할에 최선을 다한다.

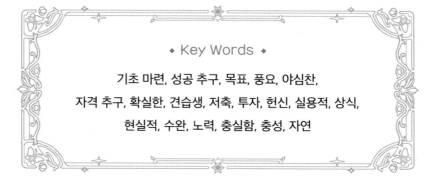

◆ Key Words ◆

기초 마련, 성공 추구, 목표, 풍요, 야심찬,

자격 추구, 확실한, 견습생, 저축, 투자, 헌신, 실용적, 상식,

현실적, 수완, 노력, 충실함, 충성, 자연

◆ 다양한 상황에서 Page of Pentacles의 적용 ◆

| 마음 상태 | 인간관계 | 일 | 학업 |
|---|---|---|---|
| 단순하며, 성실하다. 시야가 좁을 수 있다. | 현재 상황에 충실하며, 눈치가 없을 수 있다. | 주어진 일에 집중하고 현실적 목표에 집중한다. | 장기적인 목표보다 단기적인 결과에 집중하는 모습을 보이며, 하루하루 해야 할 일에 집중한다. |

새로운 시간 속에는
새로운 마음을 담아야 한다.

- 아우구스티누스 (Aurelius Augustinus) -

~ Chapter 3 ~

# 타로의 잎사귀

# 타로 상담
# 구성과 과정

상담자: 타로카드를 이용해서 상담을 진행하는 사람

내담자, 질문자: 질문이 있어서 상담을 받으러 온 사람

타로카드: 상담을 위한 주 도구

## 타로 상담의 과정

질문 받기 ➡ 카드 섞고 뽑기 ➡ 뽑은 카드 배열 ➡ 카드 내용 파악 ➡ 상담 하기

## | 질문받기

타로를 오락의 용도로만 사용할 것이면 질문을 안 받아도 된다. 하지만 상담이나 점의 용도로 사용 한다면 질문은 꼭 있어야 한다. 우리가 아픈 곳이 없으면 병원에 갈 필요가 없듯이 고민이나 문제가 없으면 상담을 받거나 점을 볼 필요가 없다. 현재 골치 아픈 문제들, 고민들이 질문이 된다.

내담자들에게 질문을 하라고 하면 능숙하게 질문을 잘하는 사람이 있고, 어떻게 해야 할지 모르는 사람이 있다. 잘 못 하는 사람은 도와줘야 한다. 대화를 나누면서 현재 신경 쓰고 있는 문제나 고민을 명료하게 인식하고 표현할 수 있도록 도움을 줘야 한다.

가끔 질문자와 상담자가 질문을 서로 다르게 이해하고 있는 경우가 있다. 이는 타로를 뽑을 때 잘못된 영향을 끼쳐 전혀 다른 카드들을 뽑게 만들 수 있다. 카드를 뽑는 과정은 굉장히 중요하기 때문에 질문에 대한 서로의 이해는 일치되어야 한다.

그리고 상담자가 소화할 수 있는 크기로 질문의 범위를 조절할 필요가 있다. 너무 사소한 질문이나 너무 크고 추상적인 질문은 상담하기 어렵다. 매우 숙련된 상담자는 파악할 수 있는 범위가 넓고 깊기에 질문의 범위를 특별히 조정할 필요가 없지만, 초심자 같은 경우는 조정이 필수적이다.

예를 들면, "어제 소개팅했는데 오늘 몇 시쯤 전화가 올까요?" 같은 질문은 너무 세부적이다. 반대로 "제 인생은 어떻게 될까요?", "저 부자 될 수 있을까요?" 같은 질문은 너무 크고 추상적이다.

그렇다면 중간 범위의 질문은 어떤 것이 있을까? 적절한 질문은 "여자 친구랑 다퉜어요. 어떻게 해야 할까요?", "몇 개월 안에 집을 사려고 슬슬 알아보고 있습니다. 괜찮을까요?" 같은 질문이다. 다시 말하지만, 이 범위는 상담사의 역량에 따라서 더 좁아질 수도 넓어질 수도 있다.

간혹 질문의 주체가 애매한 질문을 하는 경우가 있다. 예를 들면 "우리 가족의 건강을 보고 싶습니다." 같은 경우는 범위가 추상적일 뿐만 아니라 주체도 애매하다. 타로카드 상담을 원활하게 진행하기 위해서는 주체가 명확해야 한다.

타로의 질문은 현재의 문제와 고민이어야 한다. 일어나지도 않은 일들에 대한 걱정, 현재의 상황이나 마음과 동떨어진 질문은 타로로 상담할 수 없다. 이는 병원에 가서 지금 아픈 곳은 없는데 혹시 앞으로 아플 수도 있으니 미리 약을 지어 달라고 하는 것과 같다.

정리하면 질문은

- 명료해야 한다. (구체적이고 세부적이어야 한다는 의미가 아니다.)
- 두 사람이 질문에 대해서 동일하게 이해하고 있어야 한다.
- 자신의 능력을 벗어난 너무 구체적이거나 추상적인 질문은 상담하기 어렵다.
- 질문의 주체가 명확해야 한다.
- 현재에 기반해야 한다.


## | 타로카드 섞고 뽑기

질문을 받고 정리가 되었으면 이제 타로카드를 뽑을 차례이다. 타로를 섞고 뽑는 방법에는 다양한 방식이 존재할 수 있다. 어떤 방식이 무조건 옳다는 것은 없다. 내가 사용하는 방식이 어떤 이유와 원리를 가지고 있는지 이해하는 것이 중요하다.

섞는 방식은 2가지가 있다.

1) 상담자가 섞는다.

2) 내담자가 섞는다.


섞는 행위는 타로를 원초적인 상태로 되돌리는 행위이다. 초기화 같은 것이다. 상담, 점을 본다는 것은 내담자의 세계가 타로로 표현됨을 나타낸다. 이는 그 사람의 삶과 질문의 주파수에 타로가 맞춰지는 것과 같다. 다른 사람, 다른 질문을 보려면 다시 초기의 상태로 타로를 되돌려야 한다. 섞는 행위는 그와 같다.

섞는 행위는 일반적으로 상담자가 한다. 초기화의 과정은 중립적이어야 한다. 내담자는 당연히 자신의 삶을 보는 것이기에 중립적, 객관적일 수 없다. 그렇기에 '상담자가 섞는다.'로 진행한다.


뽑는 방식은 3가지가 있다.

1) 상담자가 뽑는다.

2) 내담자가 뽑는다.

3) 상담자와 내담자가 나눠서 뽑는다.


뽑는 행위는 타로가 그 사람의 삶과 질문에 장(field)을 맞추는 과정이다. 이 과정은 굉장히 중요하다. 만약 상담 과정에서 가장 중요한 순간을 뽑으라고 한다면 이 순간이라 답하겠다. 아무리 타로를 잘 읽어도 카드가 잘못 뽑혔으면 모든 노력이 물거품이 된다.

내담자가 뽑을 때의 장점은 자신의 문제에 대해서 보는 것이니 카드가 더 적합하게 잘 나올 수 있다. 또한, 내담자가 상담 과정에 참여한다는 느낌을 강하게 받을 수 있다. 단점은 내담자가 집중을 하지 않고 잡생각을 하면 질문과 전혀 상관없는 카드들이 뽑힐 수 있다. 그렇기에 내담자가 뽑을 때는 집중 할 수 있도록 옆에서 도와줘야 한다.

　상담자가 뽑을 때 단점은 내담자가 뽑을 때보다는 카드가 덜 적절하게 뽑힐 수 있다. 장점은 타로 상담에 대한 전체 메커니즘이 있고 내담자보다 경험이 많기에 최대한의 집중력으로 카드를 뽑을 수 있다.

　나의 경우는 절충안인 3번을 사용한다. 1~3번 중에서 장단점을 생각한 뒤 원하는 방식을 선택하면 된다.


## | 뽑은 카드 배열하기

　'카드를 몇 장 뽑고 어떻게 바닥에 놓을 것인가'하는 방식들을 배열법(Spreads)라고 한다. 배열법은 다양하다. 질문에 적합한 배열법을 선택하고 머릿속으로 떠올린 다음에 배열하는 것이 좋다. 배열법에 대한 자세한 설명은 뒤에서 하겠다.


## | 카드 내용 파악하기 (Card reading)

　카드 내용을 파악 할 때 주의점은 카드를 읽기 전 내담자에게 많은 질문을 하여 정보를 빼낸 다음 끼워 맞추는 식으로 카드를 해석해서는 안 된다. 일단 카드를 보고 핵심을 파악해 이야기의 큰 얼개를 짠 다음에 부수적인 부분이나 세부적인 부분을 질문과 대화를 통해 교정하거나 채워나가는 식으로 진행한다. 처음 카드를 읽으며 내용을 파악하고 하나의 주제와 이야기로 엮을 때에는 되도록 질문을 하지 않는 것이 좋다.

카드를 읽을 때 순서는

1) 카드의 느낌을 느낀다. (처음 그림을 볼 때 느낌을 떠올려야 한다.)

2) 카드에 대해 공부하고 경험했던 내용을 최대한 생각해낸다.

3) 질문에 맞게 첫 느낌과 카드에 대한 생각을 결합한다.

  이 과정에서 배열법의 자리 의미도 함께 고려한다.


## | 상담하기 (Communication)

  상대방의 상황과 수준에 맞는 단어와 문장을 사용하도록 한다. 전문용어는 꼭 필요할 때만 사용하고 남발하지 않는 것이 좋다. 상대방의 입장에서 공감하면서 상담하도록 한다. 좋은 마음과 좋은 분위기에서 상담을 진행하는 것이 중요하나 상대방 기분에 눈치 보면서 상담하는 것은 아니다.

  상담의 흐름에서 필요하다면 카드를 더 뽑을 수도 있다. 이는 이야기의 흐름을 위한 것이지 기존의 내용을 뒤집기 위한 것은 아니다. 우리가 목적지를 갈 때는 큰 방향을 잘 잡아야 한다. 내용의 큰 방향을 처음 펼친 카드들에서 잡는다. 나중에 더 뽑히는 카드들은 약간의 조미료 같은 역할을 할 뿐이지 큰 방향을 틀진 못한다.

  또한 상담의 보조도구로 카드를 활용할 때에는 미래에 대해 맞고 틀리고에 집착하지 않는다. 현재 내담자의 내면 상태를 깊이 있게 이해하고 공감하는 관점으로 타로 읽기와 대화가 이루어져야 한다. 그렇지 않으면 맞더라도 아무 쓸모 없는 나쁜 상담이 될 수 있다.

# 카드를
# 배치하는 방법
# (배열법)

타로카드 한 장만 가지고 질문에 대답하기는 매우 어렵다. 그 이유는 첫째, 사람의 사고는 유일한 것을 사고하기 어렵다. 많다, 적다, 빠르다, 느리다 등으로 어떤 것을 파악하려면 기준이 되거나 비교할 수 있는 대상이 필요하다. 한 장의 카드로는 상대적인 파악이 불가능하다. 둘째, 특정 삶의 영역은 다른 모든 삶과 연결되어 있다. 우리가 생물을 유기체라고 부르는 이유는 모든 부분이 하나로 연결되어 있기 때문이다. 우리의 삶도 유기적으로 연결되어 있다. 더 정확한 상담을 위해서는 질문과 직접적, 간접적으로 연결된 영향력들도 유기적으로 읽어야 한다.

그래서 최소 3장 이상의 카드를 뽑아서 상담을 진행한다. 더 많은 장수를 뽑기도 한다. 한 장 이상의 카드를 뽑을 때 몇 장을 뽑고, 어떤 순서와 모양으로 놓고, 어떻게 읽을지에 대한 방법이 배열법(Spread)이다. 배열법을 통해 우리는 질문에 대해서 더 깊이 있게 체계적으로 파악하고 내담자에게 조언과 답을 줄 수 있다.

질문이 말로 이루어져 있듯 대답도 말로 이루어진다. 말은 크게 단어와 문법으로 나뉜다. 비유하자면 타로카드 한 장 한 장의 뜻은 단어라고 할 수 있고 배열법(Spread)은 문법이라고 할 수 있겠다. 즉 배열법은 한 장 한 장의 타로카드에 대한 전체적인 맥락을 제공해 준다.

## 배열법의 4가지 구성

• 카드 장수  • 카드 배열 순서  • 카드 배열 모양  • 각 위치의 의미

### | 카드 장수

질문에는 범위가 큰 질문이 있고 작은 질문이 있다. 범위가 큰 질문일수록 많은 하위 질문들을 가지게 된다. 이런 범위가 큰 질문을 받게 되면 그 많은 하위 질문을 위해서 많은 장수를 깔아야 한다. 하지만 너무 많은 장수를 깔게 되면 중복되는 자리가 생기게 된다. 중복되는 자리들에는 당연히 다른 카드들이 나오게 되고 그것은 리딩에 혼란을 주게 된다. 그렇기 때문에 질문의 범위를 정확하게 포함하는, 많지도 적지도 않은 적절한 장수를 까는 것이 요구된다.

## | 카드 배열 순서

타로카드의 각각의 순서(번호)는 제작자가 임의로 정한 것이 아니다. 그것은 모두 심원한 의미가 있다. 그래서 배열법의 자리와 순서도 함부로 정하면 안 될 것이다. 일반적으로 통용되는 수비학을 따르는 것이 좋으며 더 좋은 것은 카발라 수비학을 따르는 것이다.


## | 카드 배열 모양

여기서 카드 배열 모양이라는 것은 카드가 다 깔린 전체적인 모양을 말한다. 카드는 그림들(상징들)로 구성되어 있다. 글이 아니라는 것이다. 카드 한 장, 한 장이 모여서 큰 배열법을 만든다는 것은 작은 그림들이 모여서 큰 그림을 만드는 것과 같다. 그렇다면 카드의 순서와 모양이란 어느 위치에 어떠한 그림을 놓을 것이냐는 문제이며 큰 그림을 어떻게 구성할 것인가라는 문제이다. 우리는 카드 한 장 속 상징들에서 많은 의미를 느끼고 찾아낸다. 여러 카드가 배치되어 이루는 큰 그림에서도 의미와 느낌을 느끼며 그 안에서 카드 한 장, 한 장의 느낌들을 연결 시킨다. 그러므로 전체적인 배열 모양은 대단히 중요하다.


## | 각 위치의 의미

전체적 장수에서 배열되는 순서, 전체적 배열 모양에서의 위치를 고려하여 의미를 정해야 한다. 또한, 각 자리의 의미는 질문의 하위 질문들을 적절하게 포함하는 의미여야 할 것이다.

---

## NOTE

배열법 자리의 의미는 가치 중립적이어야만 한다.
만약 가치 중립적이지 않으면 카드 의미와 배열법 자리의 의미가
충돌하기 때문이다. 이러한 충돌을 피하는 가장 쉬운 방법이 바로
배열법 자리의 의미를 가치 중립적으로 하는 것이다.

---

좋은 배열법이란,

1. 적절한 카드 장수
2. 일관성 있고 직관적이며 흐름을 갖춘 카드 배열 순서
3. 적절한 상징성을 갖춘 카드 배열 모양(전체적인 모양의 상징성)
4. 배열 순서와 배열 모양에서 위치에 알맞은 자리의 의미, 질문에 대한
   하위 질문을 대부분 포함할 수 있는 자리의 의미

## 기본 배열법

수비학에서도 기본수(1, 2, 3)가 있듯이 배열법도 기본 배열법이 있다. 기본 배열법이란 원 카드, 투 카드, 쓰리 카드이다. 원 카드, 투 카드는 인지적으로 리딩이 힘들기 때문에 논의에서는 제외하도록 하겠다. 대부분의 배열법은 기본이 되는 쓰리 카드 배열법을 다양한 방식으로 중첩시켜 만든다. 따라서 우리는 쓰리 카드 배열법에 대해 능숙해질 필요가 있다. 쓰리 카드 배열법에 숙달되면 여러 배열법을 익히는 데 어려움이 없다. 새로운 배열법을

배울 땐 '기본 배열법이 어떤 식으로 구조화되어 있는가'에 대해서 생각해 보면 쉽게 익힐 수 있다. 기본 배열법이 그 안에서 어떻게 구조화되어 있는가를 생각하며 각 위치와 다른 위치들 간의 상관관계에 대해 연구해 보고, 상담에서 다양한 각도로 적용해 보면 점차 실력이 늘 것이다.

가장 기본이 되는 쓰리 카드 배열법을 살펴보자.

각 자리의 의미는 다양하게 생각해 볼 수 있다. 쓰리 카드 배열법에 숙련되면 각 자리의 의미를 동시에 여럿으로 이해할 수 있다. 하지만 숙련되기 전에는 혼란을 줄 수 있으니, 각 자리의 의미는 하나로 정하는 것이 좋다.

## 쓰리 카드 - 시간의 흐름 (범용 스프레드)

과거       현재       미래

**설명**

시간의 흐름에 따라 질문이 어떻게 진행되는지를 보여준다.

**자리 의미**

1. 과거: 현재 질문의 과거의 상태, 상황을 나타낸다.

2. 현재: 질문의 현재의 분위기, 흐름, 상태, 상황을 나타낸다.

3. 미래: 앞으로 질문의 진행이 어떻게 될지 나타낸다. 열린 미래일 수도 있고 닫힌 미래
   일 수도 있다.

**주의**

질문을 생각할 때 대략적인 기간을 마음속으로 생각하고 보면 좋다.

## 쓰리 카드 - 인과관계 (범용 스프레드)

원인          과정          결과

**설명**

궁금한 사항에 대해 파헤쳐 본다. 문제를 찾아내서 고치려고 할 때 사용하면 좋다.

**자리 의미**

1. 원인: 현재 문제의 원인을 나타낸다. 지금 현 상황에 가장 크게 영향을 끼치고 있는 요소들을 나타낸다. 감추어져 있는 요소들을 나타낸다.
2. 과정: 문제가 어떻게 진행되고 있는지, 어떤 양상으로 발전하고 있는지 보여준다. 흐름을 나타낸다.
3. 결과: 앞으로 어떤 식으로 마무리될지 보여준다. 또는 밖으로 드러나는 모습을 나타낸다.

**주의**

기간은 너무 길게 잡지 않는 것이 좋다.

미래를 보는 것보다 현재 문제점을 찾는 데 유리하다.

복합적으로 여러 상황, 여러 사람이 얽혀 있는 질문은 좋지 않다.

나와 직접적으로 연관된 질문을 하는 것이 좋다.

**예)** 현재 나의 직장생활, 현재 나의 연애, 약간의 미래를 포함한 나의 직장생활

# 쓰리 카드 – 1 대 1 인간관계 (특화 스프레드)

나       관계       상대

## 설명

어떤 사람과 나의 현재 관계를 알려준다.

## 주의

1:1 관계에 대해서 보는 간단한 배열법이다.

현재의 관계상태를 스캔해 준다.

현재 관계 카드를 통해 미래를 추측할 수 있으나 확실하진 않다.

1번과 2번은 마음 상태로 읽는다.

세븐 스타 (범용 스프레드)

## 설명

일, 사건, 문제가 어떤 식으로 진행이 될지 진행 양상을 보는 배열법이다. 내면과 외면을 같이 봄으로써 분석적인 기능도 어느 정도 가지고 있다.

## 자리 의미

1. 근본: 문제의 뿌리, 근본 원인, 보이지 않는 무의식적 영향력

2. 현재 나의 상태, 내면: 나는 지금 어떤 상태인가? 이 문제는 나에게 어떤 영향을 주는가?

3. 현재 나의 상황, 외면: 현재 나를 둘러싼 환경과 주변의 지원이나 방해는 어떻게 되는가?

4. 흐름: 전체적인 흐름은 어떤 방향으로 흘러가고 있는가? 현재와 미래는 어떤 과정과 방식으로 이어지는가?

5. 미래의 나의 상태, 내면: 미래에 어떤 상태인가?

6. 미래의 나의 상황, 외면: 앞으로 나를 둘러쌀 주변 환경, 사람들은 어떻게 되는가?

7. 결과: 전체적으로 어떤 식으로 귀결될 것인가?

## 주의

7장 이상부터 중급 배열법이라고 볼 수 있다. 쓰리 카드가 익숙해야 잘 읽을 수 있다.

## 켈틱 크로스 (범용 스프레드)

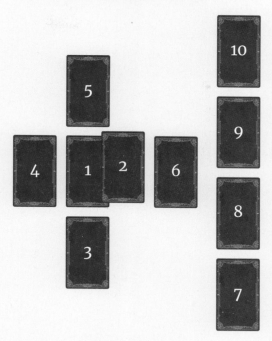

### 설명

전 세계적으로 많이 사용되는 대중적이고 보편적인 배열법이다. 배열법계의 베스트셀러이다. 다양한 방식의 해석이 존재하기에 여기 소개되는 방식만이 답이라고 할 순 없다.

일의 흐름과 결과를 보기 적합하다. 내가 보는 나, 내가 예상하는 결과, 자리가 있기 때문에 상황이 나의 예상과 비슷하게 또는 다르게, 다르면 어떻게 다르게 흐르는지 파악할 수 있다.

### 자리 의미

1. 현재 내면: 1~6번을 바퀴라고 보면, 1번은 바퀴의 중심축이다. '현재의 나'를 나타낸다. 문제를 현재 어떻게 대응하고 있는가? 어떻게 받아들이고 있는가? 등을 나타낸다.
2. 현재 외부: 1, 2번은 겹쳐 있다. 겹쳐 있는 경우 두 장을 한 시점으로 해석한다. 1번과

2번이 비슷한 카드가 나오면 1번 뜻의 강화, 1번과 2번이 반대, 상충되는 카드가 나오면 2번은 장애나 어려움, 문젯거리로 해석된다.

3. 근본: 문제의 근본적인 원인, 뿌리를 나타낸다. 오래된 과거를 의미하기도 하고 무의식적으로 모든 카드에 영향을 끼치고 있는 요소를 나타낸다.

4. 과거: 문제, 질문의 과거에 어땠는지를 보여준다.

5. 드러나는 모습: 흐름이나 과정으로 생각하면 된다. 1, 2번하고 헷갈릴 수 있는데 1, 2, 5번을 현재의 내면(1), 흐름(2), 외면(5)으로 읽으면 된다.

6. 미래: 문제, 질문의 진행양상을 보여준다. 10번 결과와 헷갈릴 수 있는데 결과는 총체적인 귀결, 답으로 해석하고 6번 미래는 4번과 5번에 이어지는 흐름으로 해석한다.

7. 내가 보는 나: 현재 나를 내가 어떻게 느끼고, 생각하고 있는지 보여준다.

8. 남이 보는 나: 주변에서 나를 어떻게 생각하고, 느끼는지 나타낸다.

9. 예상하는 결과: 어떤 식으로 문제나 일이 진행될지 질문자가 예측하는 바를 보여준다.

10. 실제 결과: 전체적으로 1~9번 카드를 종합하는 귀결 카드이다. 최종적인 종합을 나타낸다.

## 주의

1~10번이 복잡하게 얽혀 있다. 한 장씩 차례대로 해석 한 뒤에 1-2-3, 4-5-6, 1-2-5, 7-8, 9-10 이런 식으로 한 묶음씩 해석해야 더 정확하게 해석할 수 있다. 초심자는 3카드나 세븐스타를 추천한다.

## 컵 오브 릴레이션쉽 (특화 스프레드)

**설명**

대상을 두고 그 사람과의 관계를 알아보는 데 좋다. 이성과 동성에 상관없이 사용 가능하다. 전체적인 관계를 조망 할 수 있다.

**자리 의미**

1. 질문자: 관계에 있어서 나의 본질적이고 고정적인 마음 상태를 나타낸다.
2. 상대: 관계에 있어서 상대방의 본질적이고 고정적인 마음 상태를 나타낸다.
3. 관계의 근본: 두 사람 관계의 뿌리와 전체적인 분위기를 나타낸다. 1~3번은 전체의 뿌리이다.
4. 관계의 과거: 관계의 과거 흐름을 나타낸다. 현재 상황의 원인이기도 하다.
5. 관계의 현재 상태: 현재 관계의 분위기나 흐름을 나타낸다.
6. 관계 주변의 환경: 5번과 함께 해석해야 한다. 일반적으로 비슷한 느낌의 카드가 나오면 관계가 원활하게 흘러감을 나타내고 반대, 상충되는 카드가 나오면 장애나 어려

움이 있는 것으로 파악한다.

7. 질문자가 상대방을 바라보는 시각, 질문자가 현재 관계를 바라보는 시각
8. 상대방이 질문자를 바라보는 시각, 상대방이 현재 관계를 바라보는 시각
9. 질문자가 상대방에게 바라는 시각, 질문자가 예상하는 앞으로의 관계
10. 상대방이 질문자를 바라보는 시각, 상대방이 예상하는 앞으로의 관계
11. 결과: 전체를 아우르고 종합하는 카드라고 할 수 있다.

**주의**
좌측 기둥(1, 7, 9)은 내담자, 우측 기둥(2, 8, 10)은 상대방, 가운데 기둥(3, 4, 5, 6, 11)은 두 사람의 관계를 나타낸다는 것을 유의하며 살펴봐야 한다.

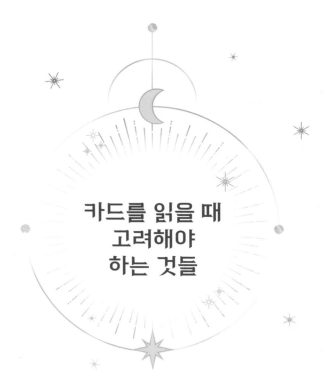

# 카드를 읽을 때
# 고려해야
# 하는 것들

카드를 읽을 때 카드에서 받는 느낌, 그리고 카드가 가지고 있는 상징들의 의미가 가장 중요하고 중심이 된다. 하지만 더욱 깊이 있는 상담을 위해서는 다른 요소들까지 고려하면서 전체적인 맥락 안에서 카드를 이해해야 한다.

\* \* \*

맥락을 구성하는 요소들은 아래와 같은 것들이 있다.

- 질문
- 문화, 사회
- 성별

- 나이
- 배열법에서 위치
- 다른 카드와의 관계성
- 기타(종교, 인격 수준, 지적 수준 등)

하나씩 살펴보면

- 질문

질문에 따라서 카드의 긍정, 부정이 달라진다. 일반적(아닌 경우도 있다.)으로 Devil은 직장생활에선 긍정적이나 연애에선 부정적으로 해석되는 경우가 많다.

- 문화, 사회

한국에서 사느냐 미국에서 사느냐에 따라서 카드의 의미가 달라질 수 있다. 진로나 직장에서 Fool은 한국에서는 부정적으로 미국에서는 긍정적으로 읽힐 수 있다. 또한 직장이 홍보, 마케팅 회사인가 서비스 업종인가에 따라서 High Priestess도 긍정성과 부정성이 달라질 수 있다. 직장 문화에 따라서도 선호되는 인재상이 갈릴 수 있다.

그리고 어떠한 기준을 정할 때 기준은 보통 사회적 기준이다. 예를 들어 늦게 결혼할 것 같다고 말한다면 늦는다는 기준의 나이는 얼마인가? 2019년 통계청의 조사에서 우리나라 초혼 나이가 평균 남자는 33.4세 여자는 30.6세로 집계되었다. 이 기준을 넘어가면 늦는 것이고 그 전이면 빠른 것이다. 하지만 이에 반해 베트남은 남자 26세, 여자 23세로 나타난다. 그렇다면 어떤 남자가 30살에 결혼한다고 하면, 우리나라에서는 일찍 결혼하는 것이지만 베트남에서는 늦게 결혼하는 것이 된다. 이

렇듯 기준도 지역과 시기에 따라 변하기에 나를 둘러싸고 있는 사회의
평균이 기준이 된다.

• 성별
문화의 일부분으로 남, 여에게 기대되는 역할, 성향은 다를 수 있다. 남
성에게 Cups카드가 많이 나오는 것과 여성에게 Cups카드가 많이 나오
는 것은 서로 다르게 해석될 수 있다.

• 나이
초등학생이 Emperor를 뽑는 것과 40대가 Emperor를 뽑는 것은 굉장히
다른 의미를 가질 수 있다.

• 배열법에서 위치
쓰리 카드 배열법에서 원인(첫 번째) 자리에 Death가 나오는 것과 결과
(세 번째) 자리 Death카드가 나오는 것은 다른 의미를 갖는다.

• 다른 카드와의 관계성
Hanged Man이 Four of Cups와 같이 나오는 것과 Two of Wands와 같
이 나오는 것은 전혀 다르게 해석되고, 길흉도 갈린다.

• 기타(종교, 인격 수준, 지적 수준 등)
개인마다 자라온 환경과 영향을 받은 요소가 다르다. 이러한 요소는 전
체적인 카드들로 표현이 된다. 또한, 상담을 하며 그 사람의 개체성, 특
수성을 인식하고 그것에 따라 타로의 의미를 미세하게 조정해가며 가다

듬어야 한다. 예를 들어 그 사람의 종교, 인격 수준, 지적 수준, 가정 환경 등 다양한 요소들을 포함한다.

이러한 요소들을 적절히 고려해야 정확하게 카드 한 장의 정확한 의미와 좋고, 나쁨을 판단할 수 있다. 약초도 어떤 병에는 독이 되고 독초도 어떤 병에는 약이 되는 법이다. 그것은 풀 혼자 결정하는 것이 아니라 풀과 주변 여러 요소들이 어우러져서 결정되는 것이다.

# 타로 상담 사례

타로카드를 모두 살펴봤다.

이제 78장을 이용해 상담을 할 차례이다.

아직 자신이 없다면 22장 메이저 카드만 가지고 상담을 해도 된다.

하지만 78장을 가지고 상담을 하는 것이

더 자세하고 깊은 상담을 할 수 있다.

지금 하고있는 일을 계속할까요?
그만두는 게 좋을까요?

**나온 카드**
Four of Pentacles

**첫 느낌**
묵직하고 단단함

**배웠던 것**
확실하고 온전한 현실 통제

**질문에 맞게**
4개의 동전 카드는 지키고 견디는 의미의 카드입니다. 또한 확실하게 자기 역량을
발휘하고 이익을 취하는 카드이기도 합니다. 따라서 이직을 할 가능성은 약해 보이
고 인내하면서 자신의 자리를 확실히 잡아갈 가능성이 높아 보입니다.

발표문을 잘 마무리해서
유의미하게 쓸 수 있을까요?

### 나온 카드
Ace of Pentacles

### 첫 느낌
밝고 화창함

### 배웠던 것
본질적, 순수한 감각 - 자연 그대로

### 질문에 맞게
Pentacles라는 물질, 결과, 효과성 등을 나타내는 카드입니다. 단순히 과정의 심적 만족뿐만 아니라 실질적 도움과 이익을 나타내는 카드입니다. 즉, 발표를 잘할 뿐만 아니라 나중에 여러모로 유의미하게 쓸 수 있는 경험이나 결과물이라고 보입니다.

카드를 뽑고 뒤집었을 때 느껴지는 느낌이란, 내가 외우고 있는 정보가 아니다. 그 순간 그림에서 느껴지는 느낌이다. 글자와 다르게 그림은 볼 때마다 다른 느낌을 전달한다.
그림이 어느 정도 눈에 익으면 쓰리 카드로 상담을 연습하는 게 좋다. 한 장으론 제대로 된 상담을 진행하긴 어렵다. 최소 3장은 돼야 한다.

사회복지사와 임상심리사를 두고 고민하다가 안정적일 것 같은
사회복지사를 억지로 하기보다, 어릴 때부터 꼭 해보고 싶었던
임상심리사를 배워보기로 했지만 아직도 자신이 없네요.
이번 달 말이나 다음 달에 수강 신청을 할 예정인데
과연 이 선택이 잘한 건지 궁금해서요.

### 배열법 선택
쓰리 카드 - 원인, 과정, 결과

### 나온 카드
1. The Fool, 2. Queen of Wands, 3. Nine of Cups

### 첫 느낌
활기차고 기분 좋음

### 배웠던 것
The Fool - 자유로움, 순수한 충동, 예측 어려움, 생명력 넘침
Queen of Wands - 의지, 힘, 열정, 에너지로 상대와 상황을 지키고 보호함
Nine of Cups - 가득 찬 감정, 만족스러운 상태, 편안함

### 질문에 맞게
무모한 도전 같고 나이나 상황에 안 맞는 도전처럼 느낄 수 있지만 실제로 도전하시
면 굉장히 만족하실 거라고 나오고 있습니다.
한 장씩 살펴보면 Fool은 현실을 생각하지 않고 마음 가는 대로 함, 지르고 봄, 자유

로움을 나타내는 카드입니다. 현재는 Queen of Wands로 일회성의 시도가 아니라 강한 의지와 열망을 가지고 해내려 한다고 나옵니다. 결과나 미래 카드의 9개의 컵 은 주변 환경이 편안하고 상황에 잘 적응하며 녹아드는 것, 또한 가까운 사람이 방해 하지 않고 오히려 지지해 주는 상황을 나타냅니다. 심적으로나 상황적으로 편안하 고 열정도 강해서 좋은 결과도 낼 수 있다고 보입니다.

작년 2월에 이직한 직장에서 많은 일들이 있었는데요.
저의 제안으로 인해 갈등도 있었지만, 발전적인 개선과 변화도 많이 생기고
제가 도움 주는 일도 많은데 저는 그만한 보상과 인정을 받게 될까요?
내년에 승진 대상이고, 이 부서에서 영역을 확고히 할 수 있을지 궁금해요.

### 배열법 선택
쓰리 카드 - 과거, 현재, 미래

### 나온 카드
1. Page of Cups, 2. The World, 3. Page of Swords

### 첫 느낌
우물 안의 개구리

### 배웠던 것
Page of Cups - 감정과 분위기에 따라 상황에 맞춰감
The World - 안정적임, 확실히 적응한 상태임
Page of Swords - 조심스럽게 이해하고 파악해 가면서 상황에 맞춰감

### 질문에 맞게
Page of Cups는 솔직하게 마음을 터놓고 즐겁게 회사 생활을 한 것으로 보입니다.
다행히 회사에서도 나의 마음을 알아주어서 잘 진행된 것으로 보이고요. The World
또한 확실하게 자리를 잡고 안정돼있음을 나타냅니다. 보통 직장에서 자리 잡고 오
래 다니는 경우에 많이 나오는 카드입니다.

3장 중에 2장이 Page 카드가 나왔습니다. (타로 78장 중 Page는 4장이 있습니다.)
Page는 주변 환경에 잘 녹아들고 적응한다는 뜻도 있지만, 아직 배워야 할 것, 익혀야 할 것이 많다는 의미도 있습니다. 상황을 주도하거나 리드하는 힘이 약한 카드이기도 합니다. 신입이거나 직장에 들어간지 별로 안됐을 때 이 카드가 나오는 것은 좋습니다. 그렇지만 경쟁을 해야 하는 상황, 내가 치고 나가야 하는 상황에서는 아직 때가 아닐 수 있습니다. 미래 카드 Page of Swords는 신중히 준비하고 배우고 상황을 관찰하고 지켜보면서 때를 기다리는 카드로 봐야 할 것 같습니다. 천천히 꼼꼼히 조심스럽게 실력을 쌓아가면서 차근차근 기다리면 될 것 같습니다.

하지만 조급하게 나서거나 경쟁을 하려 하면 좋지 않을 것으로 보입니다. 연차가 차면서 자연스럽게 성장하게 될 것 같습니다.

**5**

국제결혼에 실패하여 이혼하게 됐습니다.
상대가 이혼녀라는 사실을 알게 됐고,
자식이 있는 것 같은 의심이 강하게 들어 이혼을 하였습니다.
충격에서 벗어나지 못하고 있는 상황입니다.
현재 이혼소송을 넣고 기다리는 중입니다. 다시 결혼은 꿈도 꿀 수 없네요.
이 이혼과 엮였던 모든 이들과 다시는 보지 않길 바랄 뿐입니다.
그렇게 될까요? 힘듭니다.

**배열법 선택**
세븐 스타

**나온 카드**
1. The Magician, 2. Knight of Cups, 3. Five of Wands, 4. The Hermit, 5. King of

Swords, 6. The Tower, 7. Three of Cups

## 첫 느낌
혼란스럽고 두들겨 맞듯이 충격적이지만 흔들리지 않음

## 배웠던 것
The Magician - 다양한 방식을 이용해 자신의 의도 성취, 자신의 의도로 상황을 끌어갈 수 있음
Knight of Cups - 유연하고 부드럽게, 주변과 잘 어울리게 자신을 드러내고 부딪침
Five of Wands - 의지의 충돌, 격렬한 힘
The Hermit - 내 마음에 집중, 상대와 관계 거부, 단절
King of Swords - 이해, 정확한 판단, 올바른 선택으로 상황과 상대를 주도함
The Tower - 외부의 힘으로 내가 고집했던 마음, 대상, 상태가 박살남
Three of Cups - 확실한 감정, 확신 있는 감정의 교류

## 질문에 맞게
굉장히 난감하고 곤란한 상황을 겪고 계시군요. 빠르게 해결되고 마음이 편해지길 바랍니다. 타로를 살펴보면 전체적으로 정신없고 충격이 큰 상황에서 흥분이나 분노에 휩싸여 그릇된 판단을 내리거나 극단적인 쪽으로 충분히 치우칠 수 있을 텐데 중심을 잡으면서 빠르게 문제를 해결해 간다고 나옵니다. 사건의 크기에 비해 빠르게 마음의 평화를 얻는다고 합니다. 한 장씩 살펴보겠습니다.
현재 상황은 5개의 막대로 서로 충돌 하고 갈등이 있는 상황입니다. 마음 상태는 Knight of Cups로 최대한 부드럽게, 좋게 해결해 보려고 하는 것 같습니다. 근본은 Magician으로 여러 가지 수단을 간구해서 문제를 해결해 나가고 있습니다. 방법과 요령을 잘 알고 계신 걸로 보입니다. 흐름은 Hermit으로 호락호락하게 진행되진 않고요. 매우 꼼꼼히 이것저것 따져가면서 진행해야 할 것으로 보입니다. 그래서 미래의 상황은 Tower로 급격한 충돌, 강한 충격, 극단적 결말 등이 나타날 것이고 King of Swords로 정신을 똑바로 차리시고 이성적, 합리적으로 판단하고 결정하실 것으로 보입니다.
결말은 3개의 컵으로 즐거움, 편안함, 새로운 사람들과 잘 어울림, 행복 등의 카드가 나와서 문제가 깔끔하게 해결되고 심리적으로, 환경적으로 편안해 지실 거라고 보입니다.

2주 전 퇴사 후 재취업 준비 중입니다.
빠른 시일 내에 취업이 가능할까요?

**배열법 선택**
켈틱 크로스

**나온 카드**
1. Five of Wands / 2. Knight of Pentacles / 3. Death / 4. Page of Cups / 5. Page of
Pentacles / 6. Eight of Cups / 7. King of Cups / 8. Nine of Wands / 9. Temperance /
10. Five of Swords

## 첫 느낌
바람이 세차게 부는데 나무들이 세차게 흔들리는 느낌, 불안정한 느낌

## 배웠던 것
Five of Wands - 단절, 충돌, 의지의 발현, 저항, 내 뜻대로 함
Knight of Pentacles - 도전하나 파격적이진 않음, 안전 지향
Death - 기존의 흐름과 단절, 완전한 변형
Page of Cups - 주변 환경에 영향을 많이 받고 감정적으로 반응함
Page of Pentacles - 당장의 현실적 안정 원함, 눈앞만을 보고 있음
Eight of Cups - 일시적으로 나의 마음과 다르게 흐를 수 있음
King of Cups - 혼란스럽더라도 나는 정신을 잘 차리고 있다고 느낌
Nine of Wands - 열심히 하고 힘 있게 노력하고 있다고 보임
Temperance - 자연스럽고 조화롭게 이직이 될 거라 예상
Five of Swords - 빠른 부딪침과 실패, 태세 전환이 있을 수 있음

## 질문에 맞게
갑작스러운 변화나 그만둠이 보입니다. 전반적으로 몇 번의 시도 끝에 될 가능성이 높아 보입니다. 카드를 한 장씩 살펴보면 Death나 현재를 나타내는 5개의 막대는 단절, 충돌, 갑작스러운 변화, 참지 않고 결정을 내림 등을 나타냅니다. 지금 회사를 그만둔 상태를 나타내고, 또한 마음이 조급함을 나타내는 것 같습니다. Page of Pentacles는 소극적인 시도나 다양하지 않은 시도 등을 나타냅니다. Knigh of Pentacles도 넓게 시도하는 것이 아닌 좁게 시도하는 것을 나타냅니다. 미래를 나타내는 카드가 8개의 컵입니다. 내 마음에 드는 방향이 나타나는데 시간이 좀 걸릴 수 있음을 나타냅니다. (인내의 시간, 눈을 낮춰야 함 등) King of Cups는 쉽진 않지만 어떻게든 해내겠다는 마음을 나타냅니다. 외부에서도 금방 일을 얻고 하던 방향으로 나아갈 것으로 보고 있습니다. 희망하는 바는 Temperance로 자연스럽고 부드럽게 흐름이 이어지기를 바라고 계시는데 결과는 5개의 칼로 흐름이 끊기고 몇 번의 실패와 시도 끝에 될 가능성, 매우 바쁘고 민첩하게 움직여야 하는 상황을 나타냅니다.
전반적으로 느긋하고 좁게 생각하면 취업이 늦어질 가능성이 있습니다. 굉장히 빠르고 민첩하게 움직이시면서 다양하게 가능성을 열어 두어야 취업이 빨리 될 가능성이 있어 보입니다. 하지만 카드상으로는 그렇게 행동하지 않을 가능성이 높아서 조금 늦어지지 않을까 싶습니다.

연애 운 봐주세요. 직장 상하 관계에 있는 남자분으로
작년에 작은 오해가 커져서 어색해진 이후로는 그냥 서로 모른 척
지내고 있어요. 일적으로는 잘 지내고 있는데 이분과의 앞으로의 관계는
어떻게 될지, 저를 어떻게 생각하고 있는지 궁금해요.

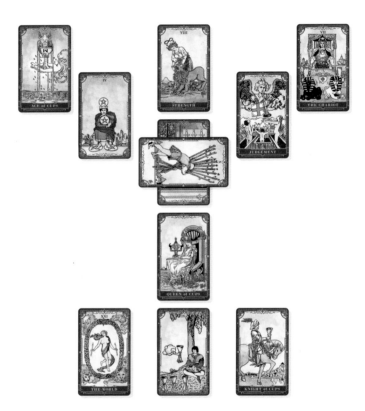

**배열법 선택**
컵 오브 릴레이션쉽

**나온 카드**
1. The World / 2. Knight of Cups / 3. Four of Cups / 4. Queen of Cups / 5. Four of Swords / 6. Ten of Wands / 7. Four of Pentacles / 8. Judgement / 9. Ace of

Cups / 10. The Chariot / 11. Strength

## 첫 느낌
서로 각자 잔잔히 흐르던 강물이 하나로 만나는 느낌. 작은 불씨가 점점 커지는 느낌

## 배웠던 것
The World - 안정적임, 확실함, 신중함, 오래 걸림
Knight of Cups - 주변의 분위기에 잘 맞춤, 부드러움, 조화로움, 속을 알 수 없음
Four of Cups - 익숙함, 편안함, 격렬하지 않음, 지루함
Queen of Cups - 깊이 있게 마음에 담아둠, 조심스러움, 민감함
Four of Swords - 휴식, 안전한 방식, 부딪치지 않음
Ten of Wands - 여러 가지 것에 온 힘을 다하고 있음, 멀리 내다보기 힘듦
Four of Pentacles - 확실함, 안정적임, 확고한 목표, 진지함, 조심스러움
Judgement - 단호한, 강력한, 큰 변혁, 무조건적인, 대청소
Ace of Cups - 용서, 화해, 사랑, 넘쳐흐르는 감정
The Chariot - 인내, 포용력, 배려하는 끈질김, 겉과 속이 다른, 잘 잊지 못함
Strength - 용기, 힘겨루기, 적극적임, 솔직함, 과격함

## 질문에 맞게
과거, 현재, 미래로 흐르는 관계의 흐름이 참 좋습니다. 약간 멀어졌다가 조심스럽게 서로의 마음을 확인하고 점점 가까워지면서 썸을 타고 하나가 되는 흐름으로 보입니다.

오른쪽 3장은 상대방, 왼쪽 3장은 질문자님, 가운데 5장은 두 분의 관계를 나타냅니다. 한 장씩 살펴볼게요. 서로의 스타일을 보면 질문자님은 The World, 4개의 동전이 나오는데 이는 끈기 있고 신중하며, 한 번 마음을 주면 신뢰할 수 있는 사람을 나타냅니다. 하지만 매우 조심스럽기 때문에 쉽게 티를 내거나 마음을 주거나 하지는 않습니다. 상대방은 Knight of Cups가 나오는데 이는 부드럽고 매너가 좋으며, 분위기를 잘 타거나 이끌 수 있는 사람으로 나오고 있습니다.

두 사람 관계의 본질적 부분은 4개의 컵으로 매우 편안하고 안정된 관계를 만들어 갈 수 있게 나옵니다. 자극적이거나 강렬하진 않지만 오래 봐도 질리지 않고 서로 부담이나 피곤함을 주지 않는 관계로 보입니다. 과거의 경우 Queen of Cups는 마음을 소중히 간직하고 쉽게 티를 내는 카드는 아니라서 서로 아주 작게, 조심스럽게 마음을 표현해 오셨을 것으로 보입니다. 다행히 남성분이 눈치나 센스가 없는 사람이 아니라서 강한 확신은 아니더라도 충분히 좋은 느낌과 호감을 느끼고 계실 수 있다고 보입니다.

두 분 다 너무 조심스럽거나 약간은 예민하셔서 과거에 좀 불편한 일이 있었을 것으로 보이고, 그러한 일이 두 분의 관계 근본을 손상시키진 않고 해프닝으로 지나갈 것으로 보입니다.

현재 4개의 칼도 서로 편안하고 부담 안주는 선에서 관계 맺고 교류한다고 보입니다. 10개의 막대기는 공적으로 직장에서 만난 관계다 보니 서로 부담스럽고 신경 쓰이는 것을 나타냅니다.

남성분의 현재 마음 상태는 Judement 카드(심판 카드)로 생각이나 마음을 드러냄, 애매한 상황을 결판 내려 함 등으로 마음을 확실히 정하거나 관계를 확실히 하려고 할 가능성이 높습니다.

이로 인해서 질문자님은 Ace of Cups 두근거림, 새로운 가능성의 열림, 새로운 분위기 등을 겪게 되시고 남성분 같은 경우 The Chariot 어려움이 있고 답답하더라도 목표하는 바를 이루려고 함, 포기하지 않음 상태로 관계에 더욱 힘을 싫고 집중할 가능성이 높습니다.

결과로 Strength가 나오는 데 두 분의 관계가 용기 있게 어려움을 극복하고 서로 솔직하게 가까워지며 밀당을 하면서 썸을 타는 관계로 발전하실 수 있을 것으로 보입니다.

마음을 이어주는 마법,

# 타로 이야기

2020년 11월  초판     1쇄
2021년  5월  초판     3쇄
2023년 12월  개정3판 2쇄

**지은이** 연주 윤국일

**펴낸곳** (주)넷마루

**주소** 우08380 서울시 구로구 디지털로33길 27, 삼성IT밸리 806호
**전화** 02-597-2342 **이메일** contents@netmaru.net
**출판등록** 제 25100-2018-000009호

ISBN 979-11-972099-0-1 (03180)